NÄHEN LERNEN auf Papierbögen

Auf Papier üben und
auf Stoff umsetzen

INHALT

Dein Download

Die Schnittmuster, die Nähbögen und ein Nähmaschinen-Video kannst du dir herunterladen, ausdrucken und anschauen. Wie das geht, findest du im Impressum auf Seite 64.

VORWORT

Das Nähen habe ich mir als Jugendliche weitgehend selbst beigebracht und viele vermeidbare, aber auch lustige Fehler gemacht. Trotz der Hilfe meiner Mama, hätte ich mir ein Buch wie dieses sehr gewünscht, denn gefühlt waren alle Anleitungen damals für näherfahrene Erwachsene geschrieben.

Es gibt so viele tolle Nähbücher, aber das Richtige war für mich nie dabei. Nun darf ich mir einen Traum erfüllen und mein erstes eigenes Nähbuch schreiben. Natürlich mit den vielfach erprobten Modellen aus meinen Nähkursen und den Wünschen der Kursteilnehmer.

Durch das Feedback und die Wünsche der Kleinen entwickelte ich meine eigenen Schnittmuster und wusste schnell, dass es leichte, aber auch brauchbare Nähideen sein müssen. In der ausführlichen Einleitung habe ich dir alles Wichtige für deinen Näh-Start zusammengefasst.

Damit du die wichtigsten Bauteile und Funktionen deiner Nähmaschine kennenlernst, habe ich dir ein kurzes Video erstellt. Dieses hilft dir, deine Nähmaschine kennenzulernen und die erforderlichen Techniken für die Modelle aus diesem Buch zu üben. Die Nähblätter solltest du auf jeden Fall ausprobiert haben, bevor du mit dem Nähen beginnst.

Die Modelle haben unterschiedliche Schwierigkeitsgrade. Starte bei den leichten und steigere dich. Das garantiert dir mehr Näh-Spaß! Außerdem gibt es viele nützliche Tipps von mir. Gib dir die Zeit mit jedem Modell zu wachsen, bleib geduldig und gib nicht auf, wenn es mal nicht so klappen sollte. Auch hier gilt: "Übung macht den Meister"! Sei mutig und kreiere deine eigenen Modelle mit deinen Wunschstoffen. Lass deiner Kreativität freien Lauf und zaubere Lieblingsteile, die sonst niemand hat!

Es ist nicht wichtig ein perfektes Ergebnis zu erzielen, es muss Spaß machen. Zudem sollte Nähen ein Ausgleich zum Schulalltag sein, wo du ohne Leistungsdruck, du selbst sein kannst, und Fehler machen darfst.

Vielleicht wird Nähen zu deinem neuen Hobby und du machst es bald genauso gerne und mit so viel Herzblut wie ich das tue!

Ich wünsche dir ganz viel Spaß!

Deine Carmen

GRUNDAUSSTATTUNG UND MATERIALKUNDE

Scheren

Die perfekte Alleskönnerin ist eine **kleine spitze Schere**. Mit dieser kannst du Stoffe zuschneiden, Fäden abschneiden, Nähte einschneiden und Nahtzugaben zurückschneiden. Verwende sie ausschließlich für Stoffe und Fäden, da sie sonst stumpf wird.

Benutze für Papier eine extra Schere z. B. eine **Bastelschere**.

Mit einer **Zickzack-Schere** kannst du Kanten einen schöneren Abschluss verleihen. Sie eignet sich z. B. für Webware, die stark ausfranst (siehe S. 28 Handwärmer).

Nadeln

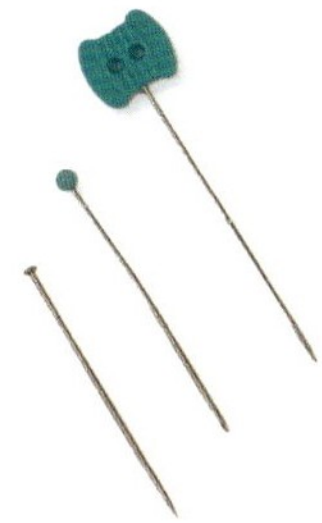

Stecknadeln brauchst du, um z. B. zwei Stoffe festzustecken, damit sie nicht verrutschen. Es gibt sie mit Stahlkopf, Glaskopf oder dekorativen Griffen.

Es gibt auch Nadeln mit gesicherter Spitze, sog. **Sicherheitsnadeln**. Sie schützt die Spitze vor dem Herausrutschen und verhindert, dass man nicht gestochen wird.

Wenn du etwas mehr Übung hast, kannst du **Clips** in verschiedenen Größen verwenden.

1 2

Nähte kannst du mit der Maschine oder per Hand erstellen. Dazu brauchst du die passende **Maschinen-Nähnadel** (1) oder **Hand-Nähnadel** (2). Die Art, Größe und Dicke richtet sich nach dem Stoff, der verarbeitet wird.

Verwende für die Projekte hier im Buch eine dünnere Hand-Nähnadel (max. 4 cm lang) mit einem kleinen Öhr.

Für die Nähmaschine ist eine Universalnadel, Stärke 80 für Baumwollstoff und eine Jersey-Nadel Stärke 70 oder 80 für Jerseystoff geeignet.

Parke diese Nadeln am besten auf deinem Nadelkissen. So hast du immer alles griffbereit (siehe S. 18 Nadelkissen).

Messwerkzeuge

Mit einem **Maßband** kannst du Längen abmessen.

Das **Handmaß** ist perfekt für kurze Längen bis 20 cm und eignet sich super, um Nahtzugaben anzuzeichnen.

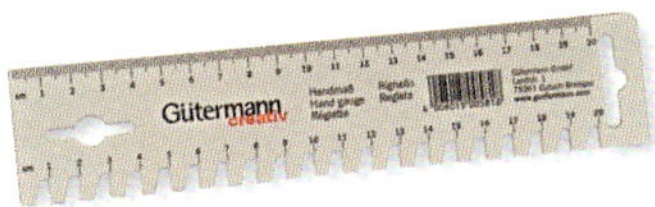

Das **Geodreieck** verwendest du, um einen rechten Winkel zu markieren. Es hilft dir ebenfalls Nahtzugaben anzuzeichnen.

Markierwerkzeuge

Bei manchen Projekten musst du dir wichtige Punkte markieren (z. B. die Position einer Wendeöffnung). Du kannst dazu mit einem kleinen Zwick (2-3 mm langer Einschnitt innerhalb der Nahtzugabe) arbeiten, oder mit folgenden Alternativen.

Mit **Trickmarkern** kannst du Markierungen auf Stoff anbringen, die nach einiger Zeit oder durch Waschen wieder verschwinden. Probiere die Marker vor Verwendung am besten an einem Stoffrest aus.

Mit einem **Bleistift** kannst du auf der linken Stoffseite einen dünnen Strich ziehen und damit eine Markierung setzen. Das geht aber nur an den Stellen, die später nicht sichtbar sind.

Mit **Schneiderkreide** lassen sich auch wichtige Punkte markieren, die durch Ausklopfen oder Ausbürsten des Stoffs wieder verschwinden. Schneiderkreide gibt es als Stift oder kleine Täfelchen.

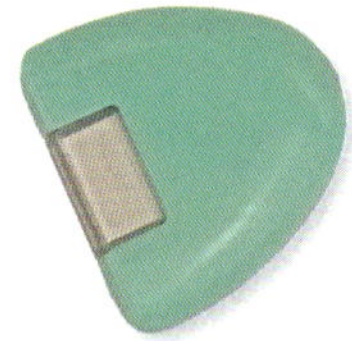

Markierungen kannst du auch mit **Stecknadeln** vornehmen. Achte darauf, dass sie nicht herausrutschen.

Weitere Helfer

Mit einem **Bügeleisen** kannst du deinen Stoff und deine Nähte zwischendurch glattbügeln, so wird das Ergebnis noch schöner. Lass dir beim Bügeln von einem Erwachsenen helfen.

Zum Verschließen eignen sich verschiedene Helfer. Du kannst **Druckknöpfe** (1) von Hand (2) annähen oder mit einer **Spezialzange** (3) anbringen (siehe S. 26 Süße Halstücher). Du kannst auch einen **Klettverschluss** (4) verwenden oder einen **Reißverschluss** (5) einnähen (siehe S. 54 Mäppchen mit Gummiband).

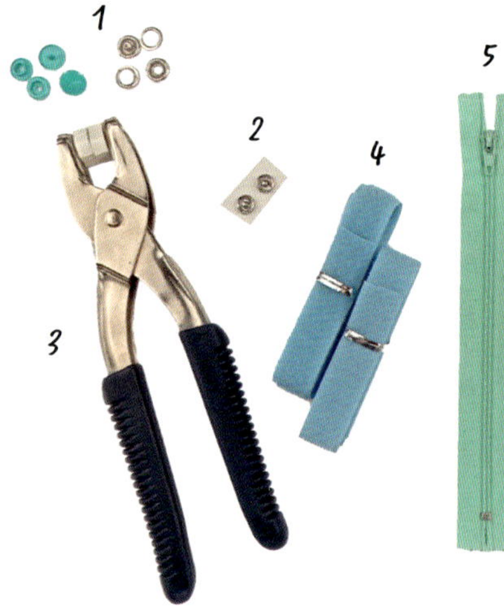

Stoffe, Bügeleinlagen und Vliesofix

Baumwollstoffe (1) sind gewebt und meist unelastisch. Beim Nähen verwendest du hierfür den normalen Gerad- oder Steppstich. Dieser ist unelastisch und stabil. Mit einem breiten Zickzack-Stich (z. B. 4,5 mm Stichbreite, 1,5 mm Stichlänge) kannst du die Stoffkanten durch Umnähen vor dem Ausfransen schützen. Dabei trifft der linke Stich in den Stoff, der rechte Stich ins Leere.

Jerseystoffe (2) sind meist dehnbar und elastisch, sie sind gestrickt oder gewirkt. Die Stoffkanten fransen nicht aus, aber rollen sich leicht zusammen. Ziehe den Stoff beim Nähen nicht zu sehr, da er sich sonst verzieht und die Naht wellig werden könnte. Du solltest eine Jersey-Nähnadel und einen elastischen Stich verwenden wie z. B. einen schmalen Zickzackstich (z. B. 2 mm Stichbreite, 2 mm Stichlänge) oder den dreifach genähten Gerad-Stich. Teste den Stich vorab auf einem Stoffrest. Hilf der Nähmaschine beim Transport von Jersey. Ziehe hinter dem Nähfuß leicht am Stoff, bis dieser von der Maschine transportiert wird oder lege einen Stoffrest, als "Verlängerung" deines Stoffs nach hinten, mit unter den Nähfuß. Ansonsten kann es passieren, dass die Maschine auf der Stelle näht und sich der Stoff samt Garn in der Maschine verfängt.

Tipp

Wasche oder bügle deine Stoffe vorab mehrmals heiß, denn sie können ihre eigentliche Größe verlieren. Dadurch kann sich dein Modell nach dem Waschen unschön verziehen.

Manchmal kann es nötig sein, Stoffe zu verstärken oder zu stabilisieren z. B. bei Taschen. Hier helfen verschiedene **Bügel- und Vlieseinlagen** (3).

Für eine Stoff-Applikation verwendest du **Vliesofix** (4). Diese Bügeleinlage klebt auf beiden Seiten und dient dazu zwei Stofflagen dauerhaft miteinander zu verbinden. Damit sich die Stoffe nach dem Waschen oder durch Reibung nicht wieder voneinander lösen, nähe die Stofflagen am besten zusammen.

Nähgarn

Verwende nur qualitativ hochwertiges **Nähgarn**. Für die Projekte hier im Buch eignet sich Allesnäher-Garn bzw. Allzweckgarn. Nähgarn in Weiß brauchst du am meisten, hier ist eine größere 500 m Rolle sinnvoll. Von den farbigen Garnen genügt je eine kleinere 200 m Rolle.

Nähmaschinen-Video

GRUNDANLEITUNG

Stoffseiten

Stoffe haben eine Vorderseite (schöne, rechte Seite) und eine Rückseite (linke Seite). Die rechte Stoffseite ist später außen sichtbar, die linke Stoffseite liegt meist innen und ist nicht zu sehen.

Platzierst du ein oder zwei Stoffe rechts auf rechts, liegen die schönen Stoffseiten innen aufeinander und die linken Seiten außen.

Stoffbruch, Fadenlauf und Webkante

Faltest du einen Stoff entsteht auf der gefalteten Seite der sogenannte **Stoffbruch**. Hier wird das Schnittmuster mit der entsprechend vermerkten Seite direkt angelegt, damit man es in doppelter Größe erhält. Er wird nicht aufgeschnitten und es wird keine Nahtzugabe am Schnittmuster ergänzt (siehe S. 32 Scrunchies).

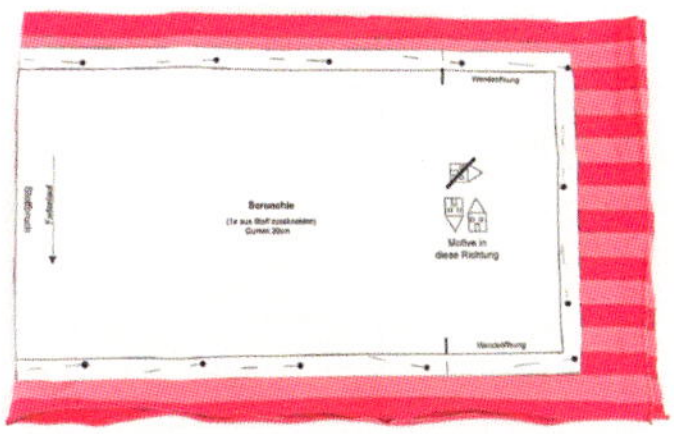

Den **Fadenlauf** kannst du an ganz dünnen Linien im Stoff bzw. kleinen Maschen, die übereinandersitzen, erkennen. Der Pfeil auf dem Schnittmuster zeigt dir, wie die Fäden bzw. Maschen verlaufen sollen. Das solltest du beim Zuschneiden immer beachten. Der Fadenlauf verläuft immer parallel zur Webkante.

Als **Webkante** wird die Begrenzung des Stoffs an der Seite bezeichnet. Bei **Webware** (1) sind die Kanten meist fester gewebt. Bei **Jersey** (2) wird die Kante mit Kunststoff verklebt. Die Webkante nie verwenden und am besten abschneiden, da sie sich oft anders verhält als der Stoff.

1

2

Zuschnitt

Wenn du dein Schnittmuster auf den Stoff auflegst, berücksichtige immer den Fadenlauf, den Stoffbruch und die Richtung der Motive auf dem Stoff. Falls du zwei Stoffteile benötigst, die spiegelverkehrt sein müssen (siehe S.20 Wolkenkissen), solltest du den Stoff immer rechts auf rechts legen und dann dein Schnittmuster aufstecken. Die linken Stoffseiten sind außen. So kannst du ggf. Markierungen aufzeichnen, die man später nicht mehr sehen darf.

Beim Anbringen des Schnittmusters musst du darauf achten, alles gut innerhalb deiner angezeichneten Nahtzugabe festzustecken. Beginne bei den Ecken und stecke dann die Zwischenräume fest. Besonders Rundungen sollten gut auf dem Stoff fixiert sein, mehr Nadeln geben mehr Halt. Du solltest darauf achten, dass die Nadeln auf dem Schnittmuster liegen und nicht über die Papierkante ragen. Du schneidest dein Schnittmuster am Papierrand aus, Nadelköpfe oder -spitzen wären im Weg und würden im schlimmsten Fall deine Schere schwer beschädigen.

Wenn du beim Nähen deine Nadeln in den Stoff steckst, sollte der Abstand max. zwei Fingerbreit betragen. Stecke sie am besten von außen nach innen (siehe S. 34 Haarband).

Nahtzugabe

Um Stoffe zusammen zu nähen, brauchst du an jeder Kante eine Nahtzugabe. Die Schnittmuster hier im Buch sind ohne Nahtzugabe abgebildet. Übertrage das Schnittmuster mit einem Bleistift z. B. auf Butterbrotpapier. Übertrage alle Informationen auf dem Schnittmuster, alle Markierungen und den Fadenlauf.

Mit einem Handmaß oder Geodreieck kannst du dann ringsum 1 cm Nahtzugabe (nicht am Stoffbruch oder wo es extra markiert ist) anzeichnen.

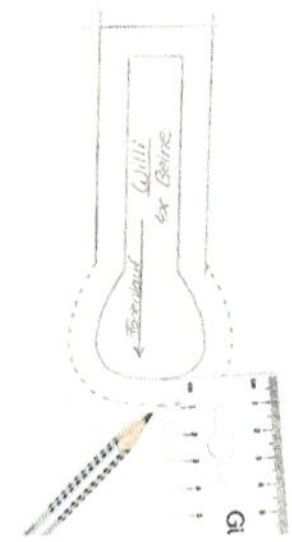

An der Nähmaschine kannst du für die Nahtzugabe einen Klebestreifen (bei 1 cm) fixieren. Führe die Stoffkante immer an der Klebestreifen-Kante entlang, damit die Nahtzugabe gleichmäßig wird.

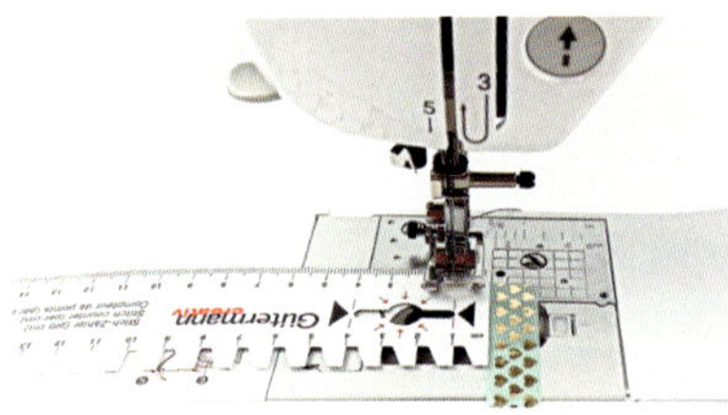

Wenn Modelle wieder auf die rechte Seite gewendet werden, kann die Nahtzugabe im Inneren stören. Bei **"Tälern"** (1) schneide die Nahtzugabe bis zur Naht ein oder kleine Dreiecke heraus. Bei **"Bergen"** (2) schneide sie bis auf 2-3 mm zurück.

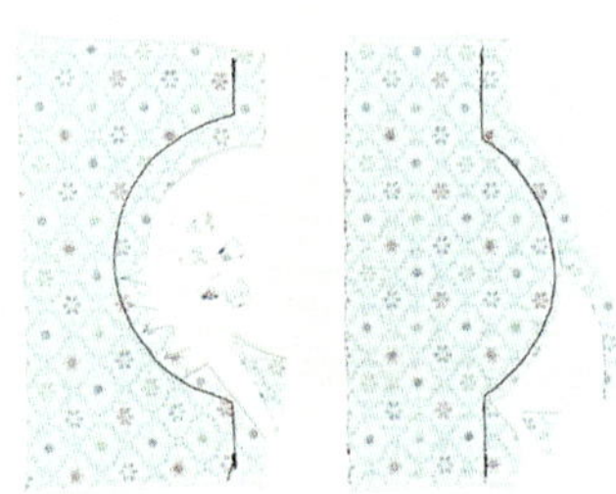

1 2

Nähte

Jede Naht muss gesichert bzw. verriegelt werden, da sie sonst wieder auf geht. Am Anfang und Ende jeder Naht solltest du zuerst 3-4 Stiche vorwärts und dann dieselbe Anzahl an Stichen wieder zurück nähen. Benutze zum Rückwärtsnähen den entsprechenden Knopf oder Hebel deiner Maschine.

Nähst du eine Applikation auf, dann nähst du im Kreis und kommst am Ende wieder da an, wo du gestartet bist. Hier brauchst du nicht vernähen, sondern nähst einfach 4-5 Stiche weiter über den Anfang der Naht.

Wendeöffnung

Wenn Stoffe rechts auf rechts zusammengenäht werden, brauchst du meistens eine Wendeöffnung, um den Stoff wieder auf die schöne Seite drehen zu können. Übertrage dazu die Markierungen vom Schnittmuster auf den Stoff. Bei den Schrittfotos wird die Wendeöffnung immer mit zwei roten Stecknadeln markiert. Achte darauf, die Naht-Enden an der Öffnung immer zu sichern.

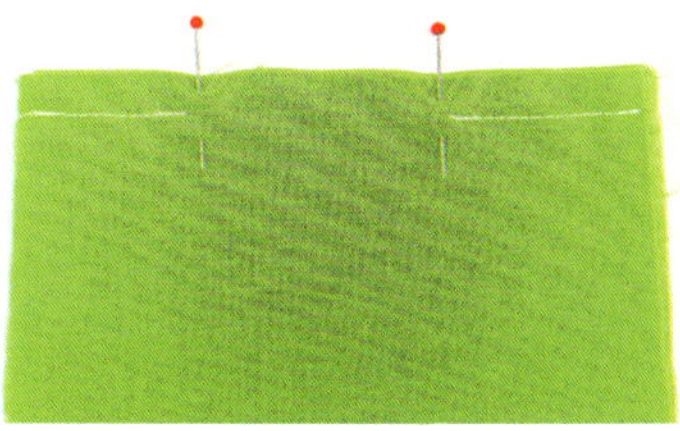

Wenn der Stoff gewendet wurde, muss die Wendeöffnung verschlossen werden.

Schließen mit der Nähmaschine

Du kannst die Wendeöffnung knappkantig mit der Maschine zunähen. Hier nähst du “knapp an der Kante” (mit ca. 2 mm Abstand zur Kante) entlang. Diese Naht ist später sichtbar.

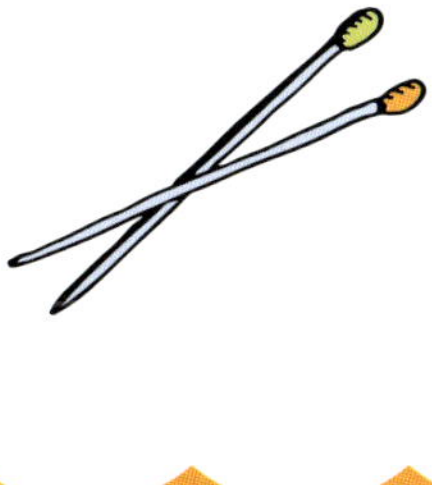

Schließen von Hand mit dem Matratzenstich

Du kannst die Wendeöffnung auch von Hand, mit dem Matratzenstich schließen. Dieser schließt die Öffnung fast unsichtbar. Er eignet sich besonders für Modelle, die z. B. mit Füllwatte ausgestopft sind, da man hier nur sehr schwer mit der Nähmaschine an die Naht gelangt.

1. Fädle dir dazu einen ca. 90 cm langen Nähfaden auf deine Hand-Nähnadel auf. Verbinde die beiden Fadenenden mit einem festen Knoten. Im Bereich der Nahtzugabe stichst du in den Stoff, um den Faden dort zu fixieren und den Fadenknoten zu verstecken. Starte im Stoffknick dieser Seite.

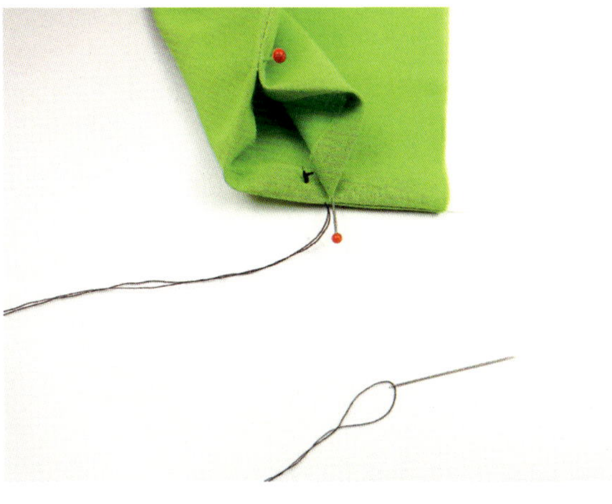

2. Stich gegenüber in den Stoffknick, führe die Nadel 3-4 mm im "Stofftunnel" entlang und steche anschließend wieder heraus.

Nun wieder direkt gegenüber in den anderen "Stofftunnel" einstechen und die Nadel nach 3-4 mm wieder herausführen. Ziehe leicht am Faden, damit sich die Stoffkanten verbinden. Diese Schritte wiederholst du bis zum Ende der Öffnung, bis sie vollständig geschlossen ist.

3. Achte darauf zwischendurch den Nähfaden etwas zu entwirren, damit er sich nicht verknotet. Am Ende vernähst du den Faden mit 3-4 Stichen in der Naht. Du kannst auch ca. 2 cm wieder zurück in die andere Richtung nähen.

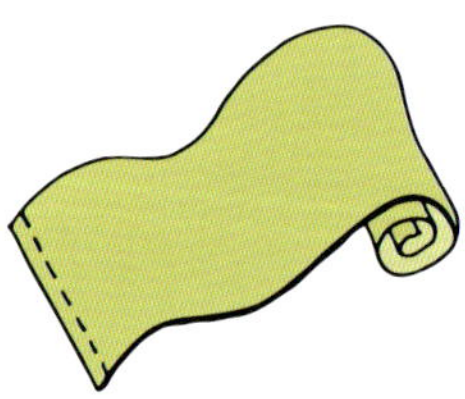

Applikationen aufbringen

Fertige Applikationen

Es gibt fertige Motive, die du aufbügeln oder aufnähen kannst (siehe S. 42 Ear-Pods-Hülle).

Flex- oder Bügelfolie

Mit Flex- oder Bügelfolie (siehe S. 38 Handgelenk-Geldbeutel) kannst du individuelle Motive gestalten. Diese werden zugeschnitten und dann einfach aufgebügelt.

Vliesofix

Wenn du einen schönen Stoffrest hast, den du aufnähen möchtest (siehe S. 18 Nadelkissen), solltest du mit Vliesofix arbeiten.

1. Schneide dir ein Stück Vliesofix zurecht, welches etwas größer als dein Wunschmotiv ist. Achte darauf, dass sich das Klebegitter auf der Rückseite nicht vom Trägerpapier löst. Stecke das Papier, mit der rauen Seite nach unten, auf deiner Motivvorlage fest. Die glatte Papierseite liegt oben. Pause ein Motiv (siehe S. 59 Motivvorlagen) mit einem Bleistift ab.

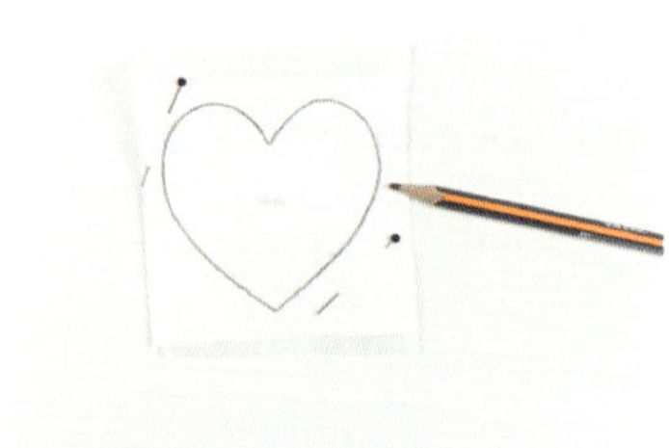

2. Schneide das Motiv grob aus. Lege es mit der rauen Seite auf die linke Stoffseite. Stelle jetzt das Bügeleisen (höchste Stufe) auf das Motiv und zähle langsam bis fünf. Das Bügeleisen nicht länger stehen lassen, da sonst der Kleber in den Stoff einzieht. Das Bügeleisen nicht verschieben, da sonst das Motiv verrutscht. Wenn das Motiv nicht ganz vom Bügeleisen erfasst ist, positioniere das Bügeleisen erneut, bis das Motiv komplett festgebügelt ist. Vorsicht, das Papier ist heiß! Nach dem Festbügeln kurz warten und kontrollieren ob das Motiv fest ist. Lass dann das Motiv ca. 5 min abkühlen, damit der Kleber fest wird. Schneide anschließend das Motiv entlang der gezeichneten Linie aus.

3. Entferne das Trägerpapier auf der Rückseite deines Motivs.

Tipp

Hier siehst du ein Motiv auf der Rückseite einer Glitzer-Bügelfolie. Das Motiv wurde mit einer Schablone aufgezeichnet und muss nur noch entlang der Linie ausgeschnitten werden.

4. Lege das Motiv auf die gewünschte Stelle auf und bügle es wieder fest, indem du das Bügeleisen wieder auf den Stoff stellst und bis 5 zählst. Beim Glitzerherz solltest du z. B. Backpapier dazwischen legen, damit es nicht am Bügeleisen klebt.

5. Nähe dein Motiv knappkantig und langsam mit einem Gerad-, Zier-, oder Zickzack-Stich fest. Bei starken Kurven, nähe immer 2-3 Stiche und hebe dann den Nähfuß, um den Stoff etwas zu drehen bzw. neu zu positionieren. Senke dann wieder den Nähfuß ab und nähe wieder 2-3 Stiche, usw. Die Nähnadel bleibt dabei immer im Stoff versenkt. So kommst du in einem schönen Bogen, ohne Ecken, um diese Kurve. Beginne ohne zu Vernähen und nähe 4-5 Stiche über den Anfang der Naht. So sind auch die Enden gesichert.

Allgemeine Tipps

- ★ Beginne mit den Übungen auf Papier. Sie helfen dir, dich mit deiner Nähmaschine, den Stichen und Handgriffen vertraut zu machen.
- ★ Probiere alle Stiche an deiner Nähmaschine auf Stoffresten aus. Beachte hierzu die Informationen in deinem Nähmaschinen-Handbuch.
- ★ Lese zu Beginn die komplette Anleitung zu deinem Modell durch. Bereite alle Materialien, Werkzeuge und Hilfsmittel vor. Arbeite dann Schritt-für-Schritt die Anleitung durch. Wenn du etwas nicht verstehst oder dir eine Information fehlt, lese dir die Grundausstattung, Materialkunde und Grundanleitung nochmals in Ruhe durch.
- ★ Schneide nach jeder Naht die Nähfäden bis zur Naht zurück.
- ★ Falls erforderlich bügle deinen Stoff zwischendurch glatt. Auch Nähte lassen sich dann besser verarbeiten.
- ★ Die Projekte sind in verschiedene Schwierigkeitsgrade unterteilt. Beginne bei den leichten Projekten und steigere dich langsam.

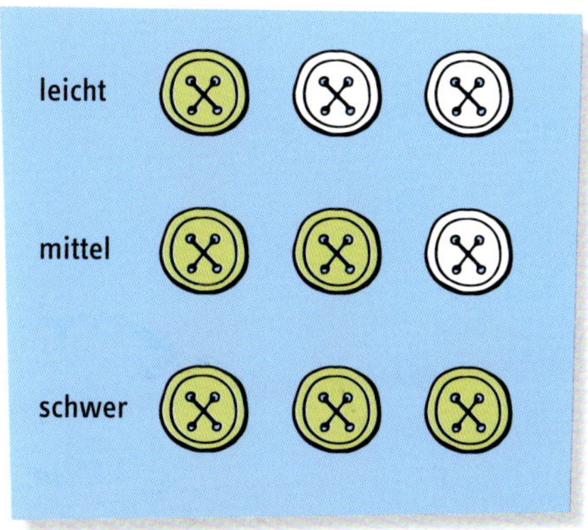

Tipp

Da Baumwollstoff an den Kanten ausfransen kann und sich das Motiv dann irgendwann ablöst, ist Jerseystoff eine super Alternative für Applikationen.

Näh-Spiele

auf Papier

Im Buch findest du eine Tasche mit fünfzehn Näh-Spielen auf Papier. Mit den Spielen lernst du die Grundlagen der Nähmaschine kennen. Lies dir deshalb sorgfältig die Anleitungen durch, die auf den Papierbögen stehen, bevor du startest.

Näh-Spiele findest du zu den Themen

- ★ Geraden nähen
- ★ Ecken nähen
- ★ Bögen nähen
- ★ Zick-Zack-Stich nähen
- ★ Rückwärts nähen
- ★ Nahtzugabe gleichmäßig abnähen
- ★ Applikation aufnähen
- ★ Vernähen
- ★ Wendeöffnung schließen

Am besten probierst du die Näh-Spiele in der angegebenen Reihenfolge aus, denn um Ecken nähen zu können, solltest du schon einmal das Nähen von Geraden ausprobiert haben und manche Zick-Zack-Stiche nähst du zum Beispiel in Bögen.

Welche Techniken du gelernt haben musst, um auf Stoff nähen zu können, steht auf den Modellfotos. Bevor du losnähst solltest du mindestens ein Übungsblatt der jeweiligen Technik genäht und auch das zugehörige Übungsblatt zum Rückwärtsnähen ausprobiert haben. Hast du alle Übungsblätter geschafft, werden deine Nähte auf Stoff besonders schön.

Falls eines der Spiele einmal nicht so gut geklappt hat, kannst du dir die Bögen noch einmal aus dem Internet herunterladen und ausdrucken. Dafür kannst du normales Druckerpapier benutzen. Den Download-Code findest du im Impressum.

Achte darauf, dass du die Näh-Spiele immer mit derselben Nähnadel nähst und wechsle sie, bevor du auf Stoff weiternähst. Beim Nähen auf Papier kann die Nadel etwas stumpf werden. Allerdings musst du alle Spiele mehrfach ausprobieren, bevor das passiert.

Näh-Spiele auf Papier

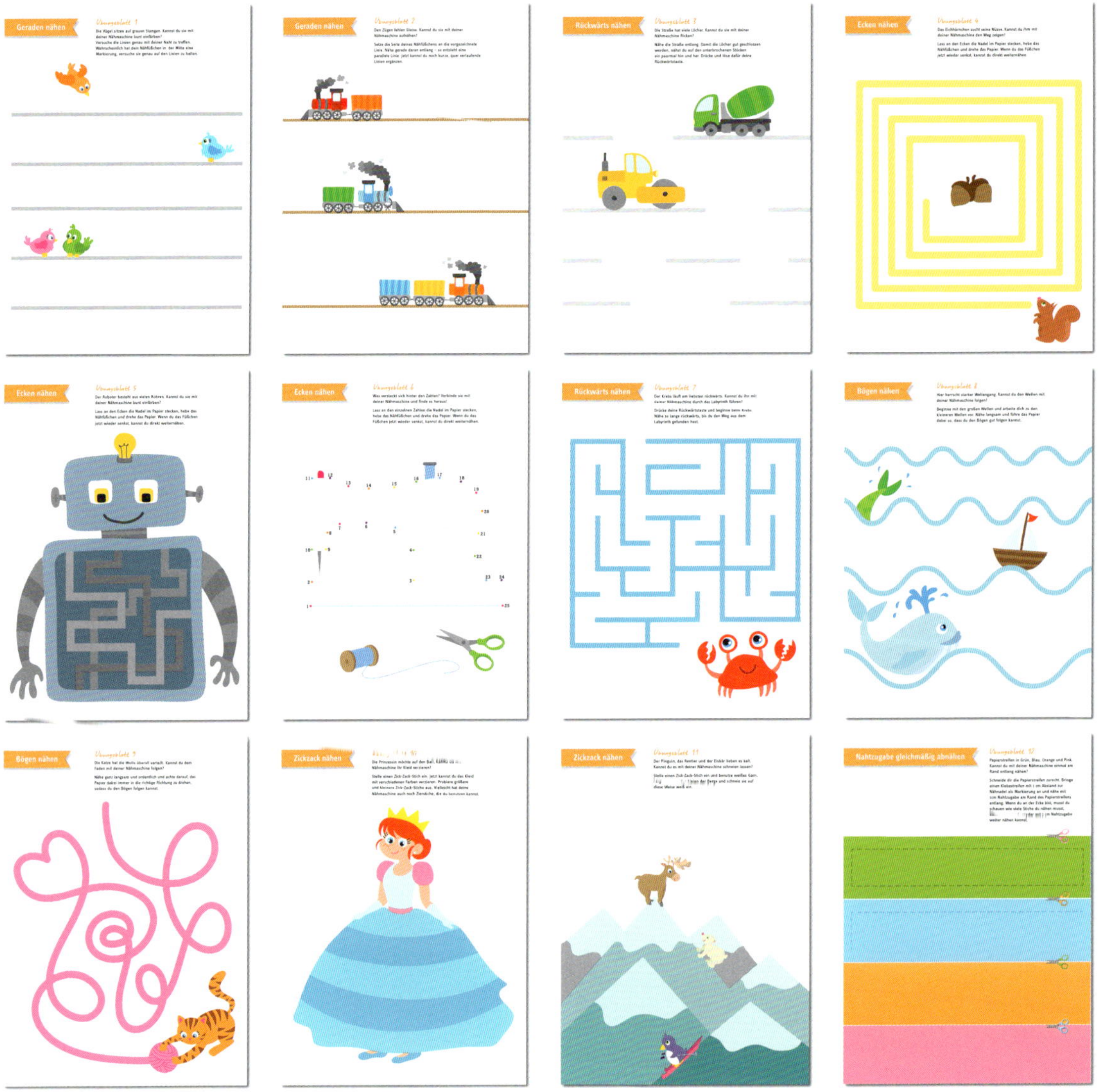

Die folgenden Übungen findest du ausschließlich in der DigiBib.

NADELKISSEN zum Aufhängen

Material

- Baumwollstoff, 30 cm x 15 cm
- Stoffrest
- Vliesofix, 10 cm x 10 cm
- Schleifen, Knöpfe, Blümchen usw.
- Kordel, 20 cm lang
- Füllwatte, ca. 20 g
- farblich passendes Nähgarn

Motivvorlage Seite 59

1
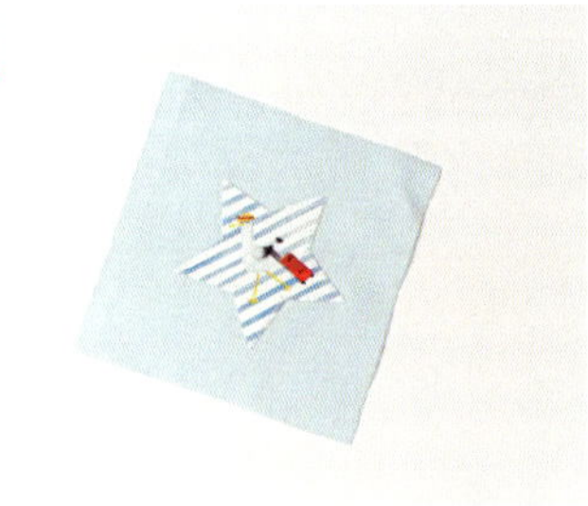

2
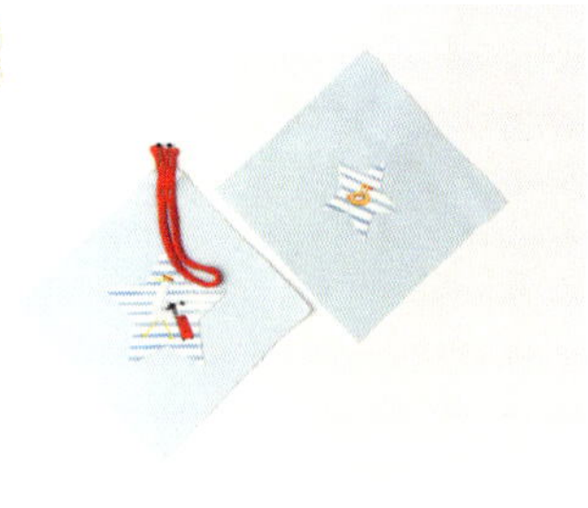

3
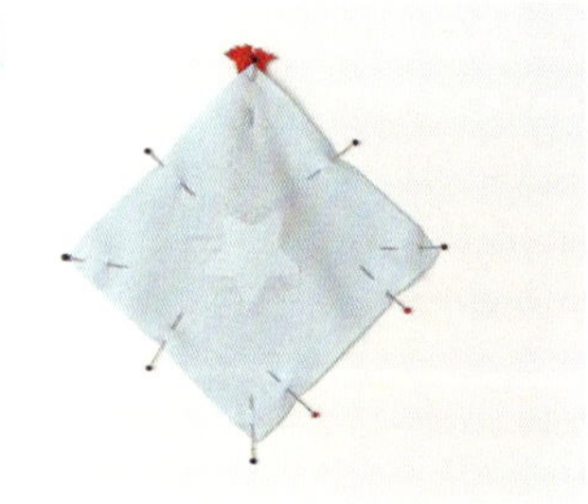

4
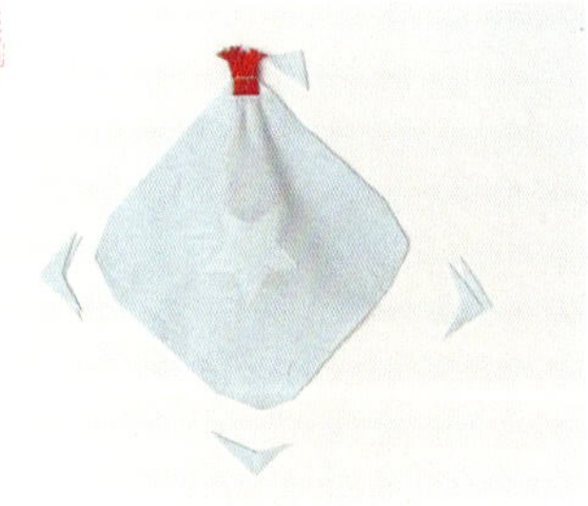

5

Zuschneiden

Baumwollstoff: 2x 13 cm x 13 cm

Die Zuschnitt-Maße beinhalten bereits 1 cm Nahtzugabe.

1 Bringe Vliesofix auf den Stoffrest für die Applikation auf (siehe S. 14) und nähe anschließend die Applikation auf. Schleifen, Blümchen, Knöpfe usw. kannst du jetzt auch auf ein Stoffteil anbringen. Sie sollten mit ca. 2-3 cm Abstand zur Stoffkante positioniert werden.

2 Lege nun die Kordel wie abgebildet in die obere Ecke und nähe sie knapp mit ein paar Stichen fest. Dann legst du das zweite Stoffteil rechts auf rechts.

3 Stecke alles rundum fest. Markiere dir an der rechten unteren Kante die Wendeöffnung (rote Stecknadeln). Nähe die Stofflagen mit 1 cm Nahtzugabe zusammen. Nähe vorsichtig über die Kordel, damit die Nadel nicht abbricht.

4 Schneide jetzt die Ecken zurück.

5 Wende den Stoff auf die rechte Seite. Mit einem Bleistift oder einer stumpfen Scherenspitze kannst du die Ecken vorsichtig herausarbeiten. Klappe die Nahtzugabe an der Wendeöffnung nach innen. Stopfe das Kissen stramm mit Füllwatte aus und schließe die Wendeöffnung.

Tipp

Jerseystoff eignet sich für die Applikation sehr gut, da dieser nicht ausfranst. Eine Applikations-Vorlage für ein Herz oder einen Stern findest du auf Seite 59 im Buch.

Nahtzugabe gleichmäßig abnähen
Applikation aufnähen

WOLKENKISSEN

für süße Träume

Material

- Baumwollstoff, Fleece oder Frottee, 2x 40 cm x 30 cm
- Bügelapplikation "Wimpern"
- Flexfolie-Rest
- Füllwatte, ca. 100-150 g
- farblich passendes Nähgarn
- ggf. Stoffmalstift in Schwarz
- ggf. Stoffmalstift in Rosa

Vorlage Seite 60

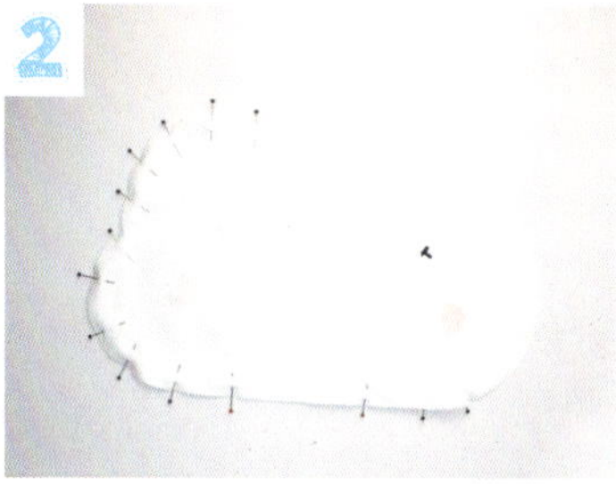

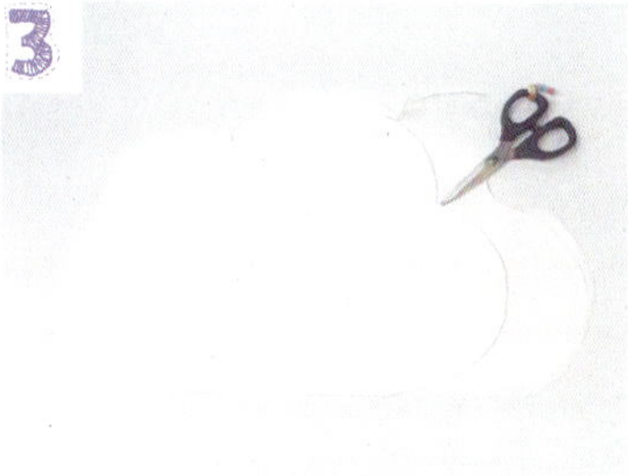

Zuschneiden

Baumwollstoff: 2x die Wolke

Ergänze 1 cm Nahtzugabe.

Beachte, dass die Teile spiegelverkehrt sind und markiere ggf. die rechte Stoffseite.

1 Zuerst bringst du das Gesicht der Wolke auf den Stoff. Bügle dazu die Wimpern-Applikationen auf und bringe den Mund an. Du kannst auch mit Stoffmalstiften das Gesicht der Wolke aufmalen. Übe zunächst auf einem Stoffrest.

2 Lege beide Stoffteile rechts auf rechts und stecke sie ringsum zusammen. Beachte die Wendeöffnung an der Unterseite der Wolke (rote Stecknadeln). Nähe die beiden Stofflagen mit 1 cm Nahtzugabe zusammen.

3 Schneide die Nahtzugabe in den Rundungen zurück, in den Ecken bis kurz vor die Naht einschneiden. Wende den Stoff auf die rechte Seite und bügle ihn glatt.

4 Stopfe die Wolke gleichmäßig mit Füllwatte aus. Schließe danach die Wendeöffnung.

Tipp

Du kannst für beide Seiten den gleichen Stoff verwenden oder für die Vorderseite Baumwollstoff und für die Rückseite kuscheligen Fleece.

Auf Seite 57 findest du zusätzlich das Schnittmuster "Tropfen". Für besseren Schlaf kannst du ihn mit Füllwatte ausstopfen und ein paar Lavendelblüten einfüllen.

LESEZEICHEN

für Lieblingsbücher

Material

- ★ Baumwollstoff, 3x 10 cm x 10 cm
- ★ farblich passendes Nähgarn

Vorlage Seite 59

Zuschneiden

Ergänze 1 cm Nahtzugabe.

1

2

3

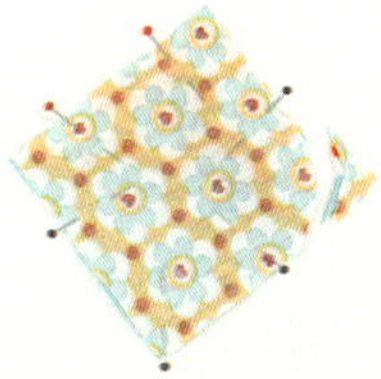

4

5

1 Bügle das Stoffteil für die Ecke zu einem Dreieck. Stecke es auf die Vorderseite und nähe es knappkantig an.

2 Lege die Rückseite rechts auf rechts auf die Vorderseite mit der Ecke und stecke alles ringsum fest.

3 Nähe die Stofflagen mit 1 cm Nahtzugabe zusammen. Beachte die Wendeöffnung (rote Stecknadeln). Schneide die Nahtzugabe in allen vier Ecken wie abgebildet zurück.

4 Wende das Lesezeichen auf die rechte Stoffseite. Klappe die Nahtzugabe an der Wendeöffnung nach innen und bügle das Lesezeichen glatt.

5 Nähe knappkantig um das Lesezeichen herum und schließe so die Wendeöffnung.

Nahtzugabe gleichmäßig abnähen
Ecken nähen

KUNTERBUNTE WIMPELKETTE

für dein Kinderzimmer

Material

- Baumwollstoff in 5 unterschiedlichen Farben, je 80 cm x 20 cm
- Baumwollschrägband, 2,5 m lang
- farblich passendes Nähgarn

Vorlage Seite 60

1

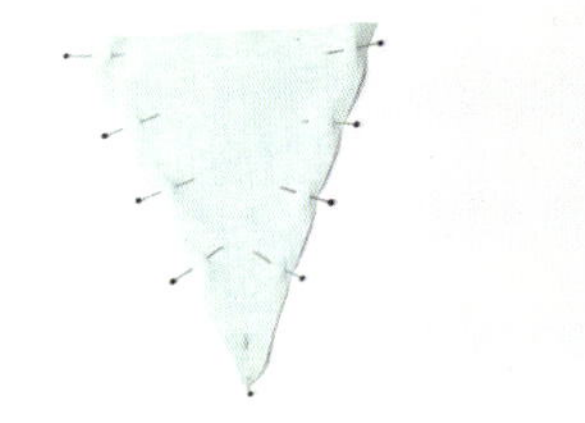

2

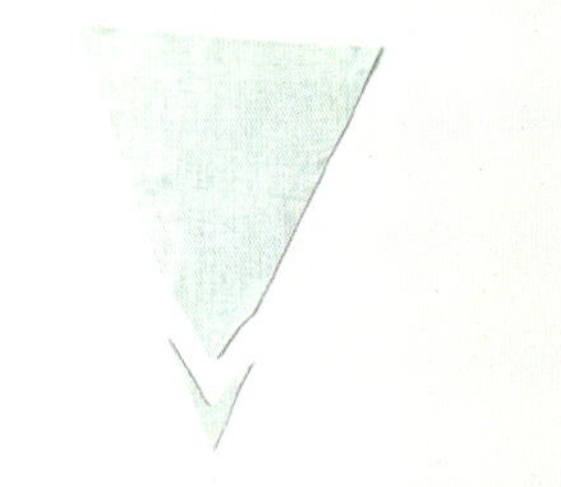

3

4

Zuschneiden

Baumwollstoff: 2x den Wimpel in jeder Farbe

Ergänze 1 cm Nahtzugabe, an der oberen Kante keine Nahtzugabe anzeichnen.

Beachte die Richtung der Stoffmotive.

1 Lege die gleichfarbigen Stoffteile rechts auf rechts und stecke sie wie abgebildet fest. Nähe sie mit 1 cm Nahtzugabe zusammen.

2 Schneide die Nahtzugabe an den Spitzen zurück.

3 Wende die Wimpel. Die Spitzen kannst du vorsichtig mit einem Stift oder einer stumpfen Schere ausformen, dann werden sie besonders schön. Danach die Wimpel bügeln. Das Schrägband in der Mitte aufeinander falten und ebenfalls bügeln. An beiden Enden ca. 50 cm Schrägband freilassen. Die Wimpel zwischen das Band schieben und ohne Lücken feststecken.

4 Nähe an der offenen Kante des Schrägbands mit einem Zickzackstich (z. B. 1,5 mm Stichbreite, 2 mm Stichlänge) entlang. Dabei nähst du zuerst 50 cm Schrägband, dann die Wimpel und zum Schluss das zweite 50 cm lange Schrägband zusammen. Die Enden kannst du verknoten.

Tipp

Mit dieser Anleitung wird die Wimpelkette 2,5 m lang. Du kannst die Länge aber auch variieren, dazu einfach mehr oder weniger Wimpel nähen und anbringen.

Ecken nähen

Schrägband

SÜSSE HALSTÜCHER *für die Kleinsten*

Material

- Baumwollstoff, 2x 40 cm x 25 cm
- Druckknopf oder Klettverschluss
- farblich passendes Nähgarn
- ggf. Druckknopfzange

Vorlage Seite 61

Zuschneiden

Baumwollstoff: 2x das Halstuch

Ergänze 1 cm Nahtzugabe.

Schneiden den Stoff im Stoffbruch zu.

1

2

3

1 Lege beide Stoffteile rechts auf rechts und stecke sie zusammen. Beachte die Wendeöffnung (rote Stecknadeln). Nähe die Stofflagen mit 1 cm Nahtzugabe zusammen.

2 Schneide nun wie abgebildet die Nahtzugabe in den Rundungen zur Hälfte zurück. Die Rundung, die sich nach unten wölbt, musst du bis kurz vor die Naht einschneiden. Drehe nun den Stoff durch die Wendeöffnung auf die rechte Seite. Schlage die Wendeöffnung nach innen und bügle das Halstuch. Achte darauf, dass an den Nähten keine versteckten Falten entstehen.

3 Bringe nun den Verschluss an. Beachte, dass du ihn gegengleich befestigst. Bestimme dazu bei dem Halstuch eine Vorder- und Rückseite. Ein Verschluss-Teil ist auf der Vorderseite, das Gegenstück auf der Rückseite anzubringen. Je nachdem für welchen Druckknopf du dich entscheidest, solltest du dich an die genauen Hinweise des Herstellers halten.

Tipp

Achte beim Zuschnitt auf die Richtung der Stoffmotive, damit sie später nicht auf dem Kopf stehen. Du kannst das Halstuch auch aus Jersey anfertigen.

Rundungen nähen

Wendeöffnung

HANDWÄRMER

für kalte Tage

Material

- Baumwollstoff, 25 cm x 15 cm
- farblich passendes Nähgarn
- Zirkel oder Becher, ø 7,5 cm
- Reis, Traubenkerne o.ä. als Füllung

Zuschneiden

Baumwollstoff: 2x 11 cm x 11 cm

Die Zuschnitt-Maße beinhalten bereits 1 cm Nahtzugabe.

1

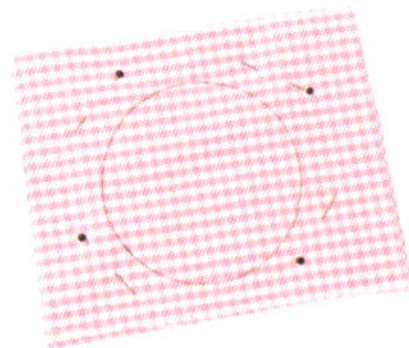

2

3

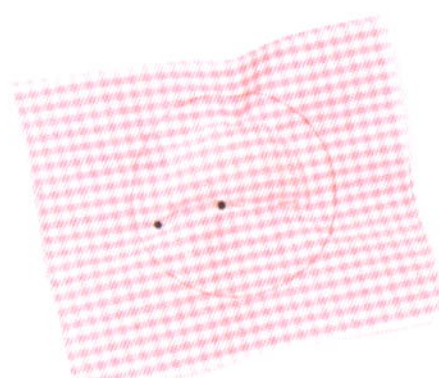

4

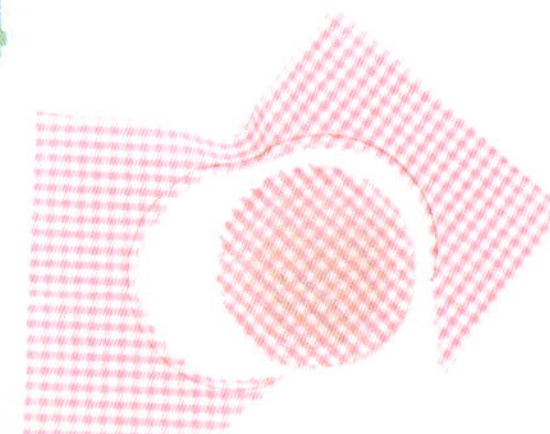

1 Zeichne auf die rechte Stoffseite eines Stoffteils einen Kreis auf. Du kannst z. B. einen Zirkel oder einen Trinkbecher benutzen. Lege beide Stoffteile links auf links und stecke sie zusammen.

2 Nähe jetzt mit nähfußbreitem Abstand innerhalb der gezeichneten Linie die beiden Stofflagen zusammen, du brauchst nicht vernähen. Lass dabei eine Wendeöffnung von mindestens 3 cm. Befülle deinen Handwärmer mit dem Füllmaterial zu etwas mehr als die Hälfte.

3 Stecke das Füllmaterial mit Nadeln fest, damit es beim Zunähen nicht unter die Nähnadel rutscht.

4 Schließe nun die Öffnung. Schneide mit einer Zickzack-Schere den überschüssigen Stoff zwischen Naht und gezeichneter Linie zurück.

Tipp

Die Handwärmer nur kurz im Mikrowellenherd (600 Watt, 30 Sekunden) erwärmen, da sonst Brandgefahr besteht. Taste dich am besten langsam an die richtige Dauer heran. Die Wärmer sind nicht waschbar.

Wenn du die Füllung durch Kunststoffgranulat ersetzt, kannst du die Säckchen nutzen, um Weitwurf zu üben. Mit dieser Füllung sollten die Säckchen nicht erhitzt werden.

COOLE BÄNDER

für Schlüssel und Handy

Material

Schlüsselband kurz:
- ★ Baumwollstoff, 30 cm x 8 cm
- ★ 1 Karabiner (Innenbreite: 2cm)

Schlüsselband lang:
- ★ Baumwollstoff, 90 cm x 8 cm
- ★ 1 Karabiner (Innenbreite: 2cm)

Handyband:
- ★ Baumwollstoff, 90 cm x 5 cm
- ★ 2 Karabiner mit Rundösen
- ★ farblich passendes Nähgarn
- ★ ggf. Deko-Anhänger

1

2

3

4

Zuschneiden

Material-Maße = Zuschnitt-Maße
Die Material-Maße beinhalten bereits 1 cm Nahtzugabe.
Beachte die Motivrichtung beim Zuschneiden.

Fertige Größe

Schlüsselband kurz: 2 cm x 15 cm
Schlüsselband lang: 2 cm x 45 cm
Handyband: 1,5 cm x 50 cm

Schlüsselband kurz/lang

1 Klappe die langen Kanten aufeinander und bügle sie einmal um. Dadurch entsteht eine Bügelkante in der Mitte. Klappe den Streifen wieder auf. Lege nun beide langen Kanten zur mittleren Bügelkante und bügle die äußeren Kanten um. Klappe die Kanten wieder auf, sodass die drei Bügelkanten vor dir liegen.

2 Stecke die kurzen Kanten aufeinander und nähe sie mit 1 cm Nahtzugabe zusammen.

3 Klappe nun den Stoffstreifen wie vorgebügelt zusammen. Anschließend die langen Kanten zusammenklappen, damit der Streifen ca. 2 cm breit ist.

4 Nähe beide Stoffkanten knappkantig ab. Dadurch schließt du die langen Kanten. Schiebe die kurze Naht bis ca. 2,5 cm unterhalb des Karabiners und stecke das Band aufeinander. Nähe das Band auf Höhe der Naht zusammen.

Handyband

1 Bereite das Band wie in Punkt 1 Schlüsselband vor und bügle dir die drei Bügelkanten auf. Schlage sie erneut ein, damit der Stoffstreifen ca. 1,2 cm breit ist. Nähe das Band ringsum knappkantig zusammen. Fädle auf jeder Seite einen kleinen Karabiner auf und lege die kurze Seite 1 cm um.

2 Klappe das kurze Ende erneut um 3 cm um. Der Karabiner liegt in der Schlaufe. Nähe nun das kurze Ende am Band fest. Dadurch wird der Karabiner am Ende fixiert. Achte darauf, dass du die Enden auf der gleichen Seite umklappst.

1

2

Tipp

Du kannst das kurze Schlüsselband um dein Handgelenk legen und das lange Schlüsselband zum Umhängen verwenden. Die Länge des praktischen Handybands kannst du nach deinen Wünschen anpassen.

SCRUNCHIES

stylische Hingucker

Material

- Baumwoll- oder Jerseystoff, 60 cm x 20 cm
- Gummiband, 6-8 mm breit, 20 cm lang
- farblich passendes Nähgarn
- Sicherheitsnadel

Vorlage Seite 61

Zuschneiden

Baumwoll- oder Jerseystoff: 1x der Scrunchie

Ergänze 1 cm Nahtzugabe.

Schneide den Stoff im Stoffbruch zu.

1

2

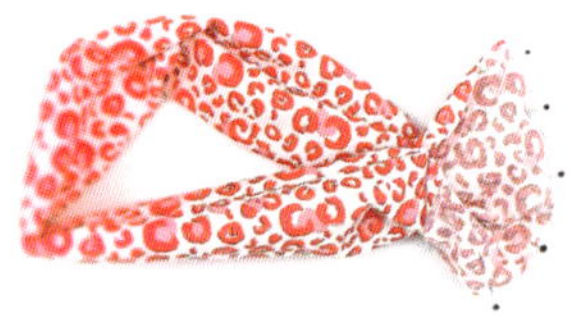

3

4

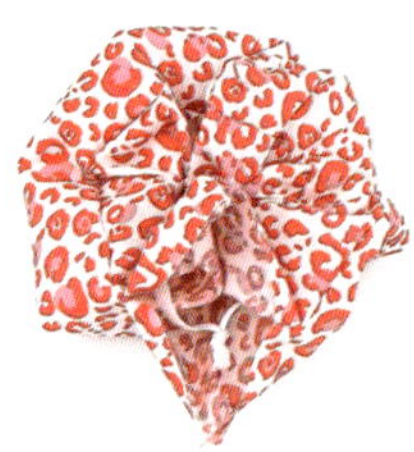

5

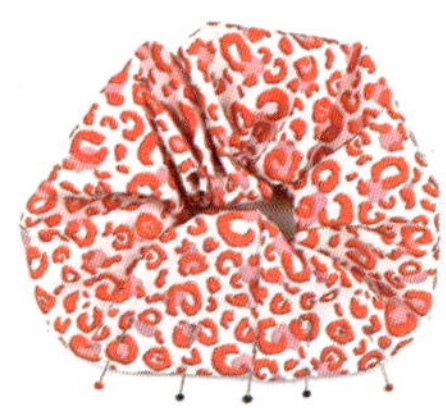

1 Die langen Kanten rechts auf rechts legen. Stecke sie zwischen den Markierungen der Wendeöffnung (rote Stecknadeln) zusammen und nähe sie entlang der Kante mit 1 cm Nahtzugabe zusammen.

2 Wende den Stoff auf die rechte Seite. Stecke die kurzen Seiten aneinander und nähe sie mit 1 cm Nahtzugabe zusammen.

3 Fixiere an einem Ende des Gummibands eine große Sicherheitsnadel. Fädle sie durch den Stofftunnel. Achte darauf, dass das Ende des Gummibands nicht in den Tunnel rutscht und stecke es an der Wendeöffnung fest.

4 Nähe die Enden zusammen oder bilde einen Knoten ganz nah am Ende.

5 Klappe die Nahtzugabe der Wendeöffnung nach innen und verschließe sie.

Nahtzugabe gleichmäßig abnähen

Jersey nähen

HAARBAND

für deine wilde "Mähne"

Material

- elastischer Jerseystoff, 56 cm x 18 cm
- farblich passendes Nähgarn

Zuschneiden

Material-Maße = Zuschnitt-Maße

Die Material-Maße beinhalten bereits 1 cm Nahtzugabe.

1

2

3

4

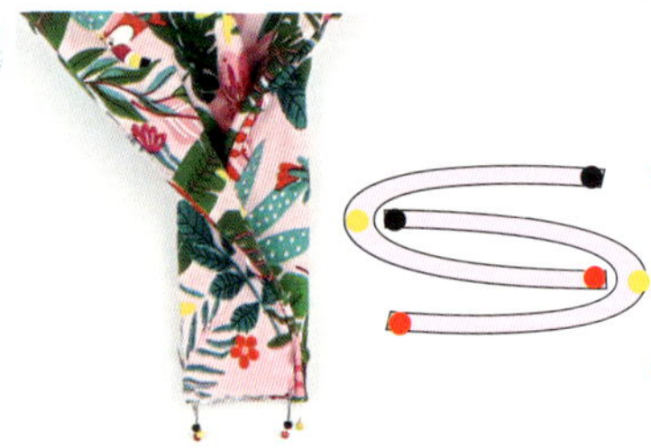

5

6

1 Die langen Kanten rechts auf rechts falten und mit Nadeln gut feststecken. Jetzt nähst du mit einem elastischen Stich und 1 cm Nahtzugabe an der langen Kante entlang damit ein Schlauch entsteht.

2 Wende den Schlauch auf die rechte Seite. Lege die Naht in die Kante (schwarze Nadel). Markiere die gegenüberliegende Seite der Naht (an beiden Schlauch-Enden) mit einer Stecknadel (rote Nadel).

3 Klappe die Seite mit der Naht (schwarze Nadel) zur roten Stecknadel und markiere wieder die Mitte (gelbe Stecknadel).

4 Schiebe die beiden Enden ineinander.

5 Stecke die Enden gut aufeinander und nähe die Stofflagen mit 1 cm Nahtzugabe zusammen.

6 Wende das Haarband und forme den "Knoten" aus.

Tipp

Das Haarband passt für einem Kopfumfang von 54-58 cm. Wenn du einen größeren Kopfumfang hast, brauchst du dementsprechend auch ein größeres Stoff-Teil. Je nach Elastizität des Jerseys kann die Größe des Haarbands variieren.

NIKOLAUSSTRUMPF

für kleine Geschenke

Material

- ★ fester Baumwollstoff, Filz oder Dekostoff, 60 cm x 30 cm
- ★ dünner Baumwollstoff, 60 cm x 40 cm
- ★ Fell oder Plüsch, 40 cm x 20 cm
- ★ Kordel oder Band, 30 cm lang
- ★ farblich passendes Nähgarn

Vorlage Seite 61

1

2

3

4

5
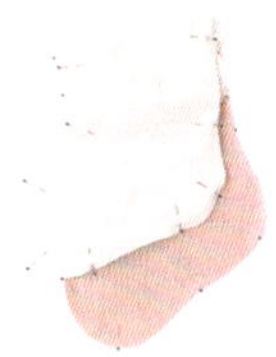

6

7

8

Zuschneiden

fester Baumwollstoff: 2x die Socken
dünner Baumwollstoff: 2x das Futter
Fell oder Plüsch: 2x die Stulpe

Ergänze 1 cm Nahtzugabe.

Schneide die Stoffteile spiegelverkehrt zu.

1 Lege die zugeschnittenen Stulpen zu den passenden Socken-Teilen.

2 Klappe nun jeweils eine Stulpe rechts auf rechts auf einen Socken. Stecke sie mit Nadeln fest und nähe sie mit 1 cm Nahtzugabe zusammen.

3 Befestige an einer Seite die Kordel an der Markierung und nähe sie knapp neben der Stoffkante an. Stecke danach an beiden Teile das passende Futter rechts auf rechts und nähe es mit 1 cm Nahtzugabe auf.

4 Bügle nun die beiden Nähte vorsichtig glatt. Hierbei sollte der Plüsch mit der Nahtzugabe gerade liegen. Die linke Nahtzugabe zeigt in die Socke vom Oberstoff und die rechte Nahtzugabe in das Futter. Wiederhole diesen Schritt für den zweiten Socken-Teil.

5 Lege beide Socken-Teile rechts auf rechts und nähe sie mit 1 cm Nahtzugabe zusammen. Lasse im Futter eine Wendeöffnung (rote Stecknadeln) von ca. 10 cm.

6 Schneide die Nahtzugabe (Socke und Futter) entsprechend zurück.

7 Wende den Socken durch die Wendeöffnung.

8 Schließe die Wendeöffnung. Stecke das Futterteil in das Außenteil der Nikolaussocke und bügle ihn.

HANDGELENK-GELDBEUTEL

für dein Taschengeld

Material

- elastischer Jerseystoff, 25 cm x 40 cm
- farblich passendes Nähgarn

Vorlage Seite 58

Zuschneiden

Jerseystoff: 1x den Geldbeutel

Ergänze 1 cm Nahtzugabe.

Am Stoffbruch keine Nahtzugabe anzeichnen.

1

2

3

4

5

6

1 Klappe die kurzen Kanten rechts auf rechts, stecke sie fest und nähe die Seiten mit 1 cm Nahtzugabe zusammen.

2 Wende den Stoff auf die rechte Seite. Bügle die Naht glatt und lege das Stoffteil vor dich hin. Die Naht liegt jetzt unten, der Stoffbruch oben.

3 Klappe die untere Kante 5 cm nach oben und stecke sie seitlich fest. Setze 5 cm von links und rechts jeweils eine Markierung für das Taschenfach. Nähe mit einem elastischen Stich an den Markierungen senkrecht nach oben.

4 Lege nun die kurzen Kanten aufeinander. Das Taschenfach bleibt außen sichtbar. Nähe die Kanten mit 1 cm Nahtzugabe zusammen.

5 Klappe die obere Kante über die Tasche nach unten. Sie sollte 1 cm über das Taschenfach ragen.

6 Nähe auf der Innenseite die Nahtzugaben etwas zusammen. So verrutschen die Lagen nicht und die Tasche bleibt geschlossen.

Tipp

Beachte die Motivrichtung des Stoffs beim Zuschneiden.

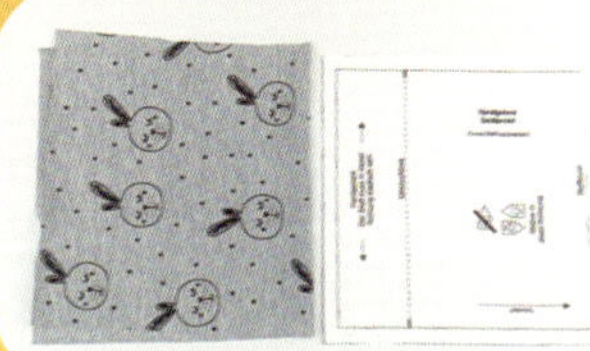

HANDYKISSEN

weich gepolstert

Material

- ★ fester Baumwollstoff oder Canvas, 25 cm x 35 cm
- ★ Füllwatte, ca. 20–30 g
- ★ farblich passendes Nähgarn
- ★ ggf. Kunststoffgranualt

Zuschneiden

Baumwollstoff oder Canvas:
21 cm x 29,7 cm

Benutze ein DIN-A4-Blatt als Schnittmuster.

Das Schnittmuster beinhaltet bereits 1 cm Nahtzugabe.

1

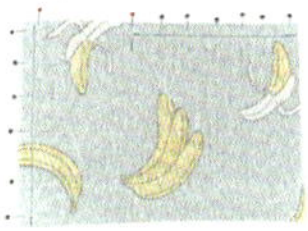

2

3

4

5

6

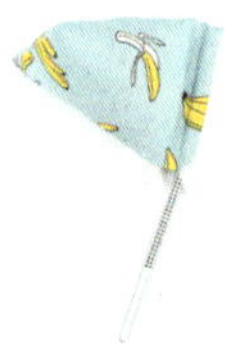

1 Lege die kurzen Kanten rechts auf rechts und stecke zwei Seiten fest. Nähe mit einem Geradstich und 1 cm Nahtzugabe diese Seiten zusammen. Lass an der langen Kante eine Wendeöffnung (rote Stecknadeln) von mind. 8 cm.

2 Markiere an der noch offenen Seite, mit einer Nadel (rote Stecknadel) die Mitte auf der gegenüberliegenden Seite am Bruch.

3 Lege nun die Naht auf diese Markierung und befestige die Stoff-Teile mit Nadeln. Danach nähst du diese Seite mit 1 cm Nahtzugabe zusammen.

4 Schneide jetzt alle Ecken der Nahtzugabe schräg zurück.

5 Wende den Stoff auf die rechte Seite. Mit einem Bleistift oder einer stumpfen Scherenspitze kannst du die Ecken vorsichtig herausarbeiten. Bügle die Kanten. Klappe die Nahtzugabe an der Wendeöffnung nach innen ein und stecke sie zu. Nähe nun zwei Linien auf den Stoff auf: einmal mit 2 cm Abstand (rechte rote Nadel) und einmal mit 3 cm Abstand (linke rote Nadel) zur rechten Kante. Markiere dazu die cm-Angaben mit einem Klebestreifen an der Nähmaschine.

6 Entferne die Nadel an der Wendeöffnung und stopfe das Kissen mit Füllwatte aus. Der große Bauch sollte stabil bis in die Ecken gefüllt werden. Stopfe die Watte nicht zu fest, sonst wird das Kissen rundlich. Zum Beschweren kannst du am Boden auch etwas Kunststoffgranulat einfüllen. Den kleinen Tunnel an der rechten Seite sehr fest mit Füllwatte ausstopfen, am besten mit einem Bleistift. Zum Schluss noch die Wendeöffnung mit einem Handstich schließen.

> **Tipp**
> Damit die Motive auf dem Handykissen nicht auf dem Kopf stehen, solltest du ein Stoff verwenden, bei dem das Muster in alle Richtungen zeigt.

Nahtzugabe gleichmäßig abnähen
Handstich Wendeöffnung
3 Karten
01:25 - Sets: 0
Menü

NINTENDO- UND EAR-PODS-HÜLLE

Nintendohülle

Material

- ★ Baumwollstoff in 2 unterschiedlichen Farben, 2x 35 cm x 35 cm
- ★ Baumwollstoff, 30 cm x 10 cm
- ★ ggf. Bügeleinlage H630, 35 cm x 35 cm
- ★ Gummiband, 1 cm breit, 15 cm lang
- ★ 2 Kordeln, je 50 cm lang
- ★ farblich passendes Nähgarn
- ★ ggf. 2 Kordelstopper/ Kordelabschlüsse
- ★ ggf. Charms-Anhänger

Vorlage Seite 59

1

2

3

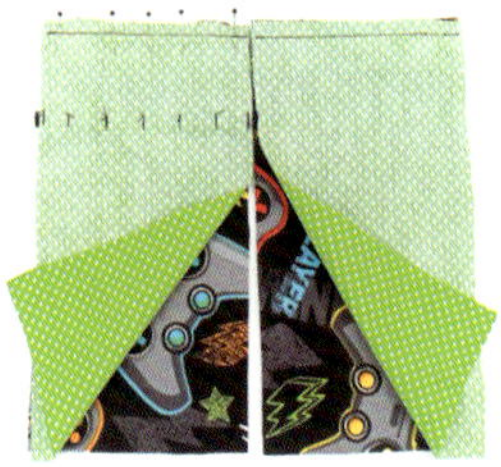

4

Zuschneiden

Baumwollstoff: 2x den Taschenbeutel-Außenstoff
Baumwollstoff: 2x den Taschenbeutel-Innenstoff
Baumwollstoff: 2x die Blende

Ergänze 1 cm Nahtzugabe.

Nintendohülle

1 Bügle die kurzen Kanten der Blenden 1 cm nach innen um und nähe sie fest. Klappe dann die lange Kante nach unten, damit alles bündig aufeinander liegt, und stecke die offene Kante gut fest.

Hefte das Gummiband an einen Innenstoff. Setze z. B. mit einem Trickmarker eine Markierung 6 cm unterhalb der oberen Kante. Orientiere dich an dieser Linie und stecke das Gummiband seitlich mit zwei Nadeln fest. Markiere die Mitte des Gummibands, indem du vom Gummiband-Ende 7 cm nach innen misst. Von dieser Mitte aus, setzt du vier Markierungen (je zwei nach rechts und links) mit einem Abstand von je 2,3 cm. So erhältst du vier Fächer, um deine Nintendo-Spiele zu Befestigen. Nähe das Gummiband an diesen Markierungen und an den Seiten mit eine paar Stichen gut fest.

2 Markiere bei den vorbereiteten Blenden aus Schritt 1 die Mitte. Ebenso am Außenstoff. Stecke die beiden Teile aufeinander und nähe die Blenden knappkantig auf.

3 Lege jetzt je einen Außenstoff auf einen Innenstoff rechts auf rechts. Stecke die oberen Kanten fest und nähe die Stofflagen mit 1 cm Nahtzugabe zusammen.

4 Lege die Teile wie abgebildet vor dich und bügle die Kanten und Nähte glatt. Die Nahtzugabe liegt links unter dem Außenstoff.

Nahtzugabe gleichmäßig abnähen

5

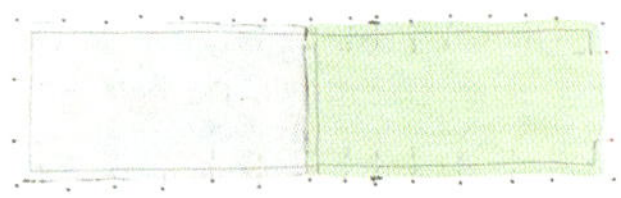

6

7

8

5 Lege beide Teile rechts auf rechts, stecke sie fest und nähe mit 1 cm Nahtzugabe alles zusammen. Beachte die Wendeöffnung (rote Stecknadeln) im Innenstoff.

6 Schneide die Nahtzugabe wie abgebildet zurück.

7 Wende die Hülle durch die Wendeöffnung und schließe sie.

8 Stopfe das Innen-Teil in die Außenhülle. Mit einer Sicherheitsnadel fädelst du die Kordel von rechts einmal durch beide Blenden durch, bis sie auf der rechten Seite wieder rauskommt. Das gleiche wiederholst du auf der linken Seite mit der zweiten Kordel. Wenn du links und rechts an den Kordeln ziehst, schnürt sich die Hülle zusammen. Verknote oder sichere die Kordelenden mit einem passenden Kordelstopper oder Kordelabschluss. Zum Schluss kannst du noch kleine Charms-Anhänger annähen.

Ear-Pods-Hülle

Material

- ★ Baumwollstoff in unterschiedlichen Farben, 2x 25 cm x 10 cm
- ★ Baumwollstoff, 20 cm x 8 cm
- ★ Kordel, 50 cm lang
- ★ ggf. 5-6 cm Webband, Stoffstreifen oder Baumwollband
- ★ farblich passendes Nähgarn
- ★ ggf. Schlüsselring, Karabiner

Vorlage Seite 57 und im Downloadbereich

Zuschneiden

Baumwollstoff: 2x den Taschenbeutel-Außenstoff
Baumwollstoff: 2x den Taschenbeutel-Innenstoff
Baumwollstoff: 2x die Blende

Ergänze 1 cm Nahtzugabe.

4 Ergänzung

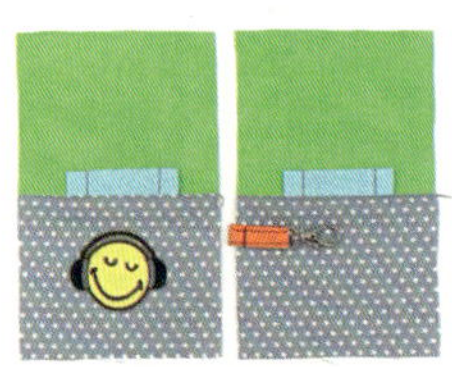

Ear-Pods-Hülle

Ergänzung Schritt 4
Du musst jetzt ebenfalls den Schlüsselring anbringen. Fädle den Ring durch ein Band und stecke dieses an der Seite der Hülle fest. Nähe es mit ein paar Stichen knappkantig fest.

Ergänzung Schritt 8

Fädle eine Kordel ein.

8 Ergänzung

Nahtzugabe gleichmäßig abnähen

Tipp

Falls die Baumwollstoffe zu dünn sein sollten, kannst du einen Stoff, am besten den Außenstoff, mit einer Bügeleinlage (siehe S. 8) verstärken.

DER FRECHE WILLI

Sorgenmonster mit Tasche

Material

- Baumwollstoff, 50 cm x 20 cm
- elastischer Jerseystoff, 40 cm x 20 cm
- Jerseyrest in Weiß, 11 cm x 7 cm
- Jerseyrest in Schwarz, 5 cm x 3 cm
- Vliesofix, 14 cm x 7 cm
- Kordel, 18 cm lang oder Jerseyrest, 2 cm x 18 cm
- Füllwatte, ca. 20 g
- farblich passendes Nähgarn

Vorlage Seite 56

1

2

3

Zuschneiden

Baumwollstoff: 1x die Vorderseite
Baumwollstoff: 1x die Rückseite
Baumwollstoff: 1x die Tasche
Jerseystoff: 4x die Beine
Jerseyrest in Weiß: 2x den Augenkreis
Jerseyrest in Schwarz: 2x die Pupille
Kordelstücke: 3x je 6 cm für die Haare

Ergänze 1 cm Nahtzugaben, an der oberen Kante der Tasche 2 cm.

1 Stecke jeweils zwei Beine rechts auf rechts. Nähe die Beine mit 1 cm Nahtzugabe zusammen. Die obere Kante offenlassen.

Falls du Jersey für die Haare verwenden möchtest, musst du die Stoffstreifen mehrmals auseinanderziehen, damit sie sich zu einer Art Kordel zusammenrollen. Klappe den Stoff für die Tasche an der oberen Kante zweimal 1 cm nach unten, bügle den Stoff glatt und stecke ihn fest.

2 Nähe diesen "Wäschesaum" an der Tasche knappkantig fest und bügle ihn glatt.

Schneide die Nahtzugabe, in der Rundung am Fuß, zurück. Wende die Beine auf die rechte Seite.

3 Stecke die Tasche wie abgebildet auf der Rückseite fest und nähe sie knappkantig auf.

Markiere die Mitte oben an der Vorderseite. Lege deine Haarsträhnen auf die Vorderseite auf und nähe diese nähfußbreit an.

Nahtzugabe gleichmäßig abnähen

Rundungen nähen

Jersey nähen

Tipp

Für die Beine unbedingt elastischen Jerseystoff verwenden, Baumwollstoff ist ungeeignet.

4

5

6

7

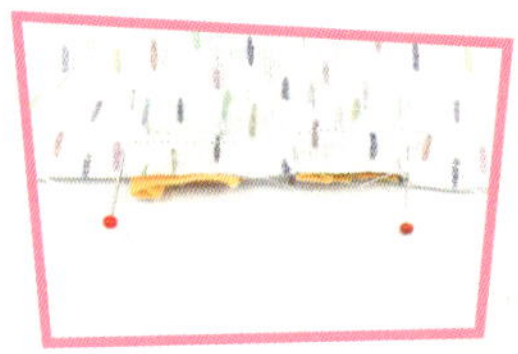

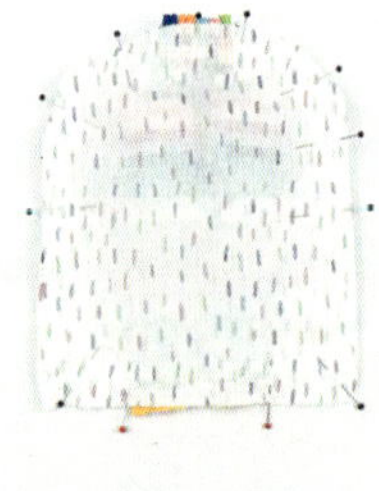

4 Bereite nun die Augen vor. Bringe Vliesofix auf der schwarzen und weißen Jerseyrückseite an und bereite die Applikation vor (siehe S. 12). Lege dann das Auge und die Pupillen auf das Vorderteil auf die gewünschte Position und bügle alles fest.

Nähe nun die Augen fest. Du beginnst mit dem weißen Augenkreis, entweder mit einem Handstich oder mit einem Geradstich der Nähmaschine.

Wenn du die Augen von Hand annähst, fädle dir einen ca. 90 cm langen schwarzen Faden auf die Handnäh-Nadel auf und verbinde beide Fadenenden mit einem Doppelknoten.

Stich von hinten nach vorne durch ein Auge. Im Abstand von 2 mm stichst du von oben durch den Stoff nach hinten. Dann wieder im Abstand von 2 mm von hinten nach vorne stechen. Dadurch entsteht ein Strichmuster. Entwirre den Faden am besten nach jedem Stich, damit er sich nicht verknotet. Ziehe nicht zu fest an dem Faden, da sich der Stoff sonst zusammenzieht. Vernähe den Faden auf der Rückseite mit ein paar Stichen hinter der schwarzen Pupille.

Nähe danach die Pupillen mit der Nähmaschine fest. Nähe mit kleinen Stichen (2 mm Stichlänge) um die enge Rundung.

5 Stopfe nur die Füße, nicht das ganze Bein, mit Füllwatte aus. Hier kann eine Bleistiftspitze helfen. Stecke die Beine mit einem Abstand von je 0,5 cm Abstand zur Mitte an der Rückseite an und nähe sie mit 1 cm Nahtzugabe fest.

6 Bügle ggf. Vorder- und Rückseite nochmals glatt und entferne überstehende Fäden.

7 Stecke die Vorder- und Rückseite rechts auf rechts. Beachte die Wendeöffnung (rote Stecknadeln). Nähe die Stofflagen mit 1 cm Nahtzugabe zusammen.

8

9

10

Tipp

Wenn du dein Monster mit Applikationen oder kleinen Motiven schmücken willst bereite diese am besten gleich am Anfang vor und bringe diese nach Schritt 4 an.

8 Schneide die Nahtzugabe in den Ecken und der Rundung zurück. Wende alles auf die rechte Seite.

9 Stopfe den Körper mit Füllwatte aus. Achte darauf die Füllwatte gleichmäßig in die Ecken zu verteilen. Der Körper sollte nicht rund werden, daher nicht zu viel Watte verwenden.

10 Stecke die Wendeöffnung zu und schließe sie am besten mit einem Handstich. Achte darauf, dass alles angenäht ist.

BEANIE

coole Wendemütze

Material

- elastische Jerseystoffe in 2 unterschiedlichen Farben, 2x 60 cm x 40 cm
- farblich passendes Nähgarn
- ggf. Applikation zum Aufnähen oder Aufbügeln

Vorlage Seite 60
für Kopfumfang 52–60 cm

1

2

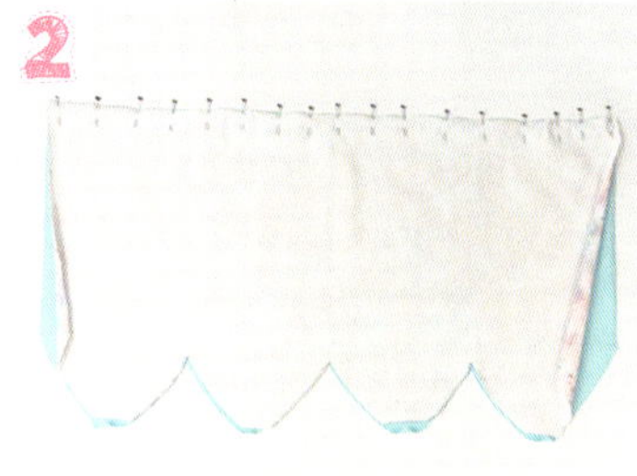

3

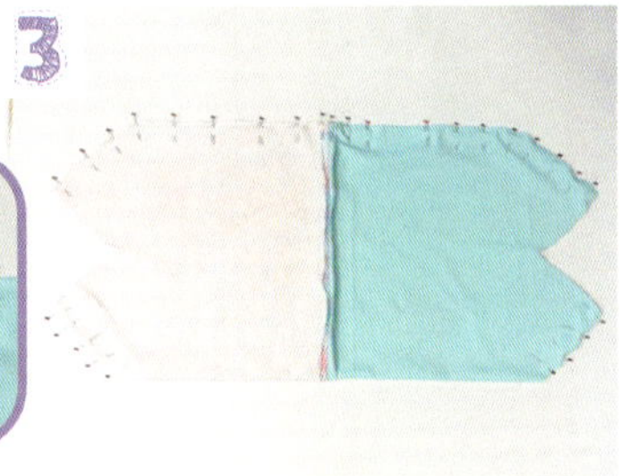

4

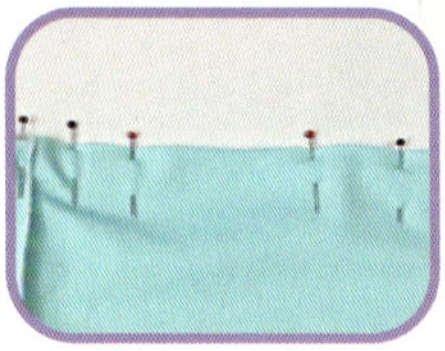

Zuschneiden

Jerseystoff: 1x Innenmütze
Jerseystoff: 1x Außenmütze

Ergänze 1 cm Nahtzugabe, nicht am Stoffbruch. Schneide die Stoffe im Stoffbruch zu.

5

6

1 Nähe oder bügle auf einen Jerseystoff eine Applikation deiner Wahl (siehe S. 12). Die abgebildete Position eignet sich dafür am besten.

2 Lege die Stoffe rechts auf rechts und befestige sie an der oberen Kante. Nähe die beiden Mützenteile mit 1 cm Nahtzugabe zusammen. Bügle die Nahtzugabe entweder auseinander oder in eine Richtung, damit möglichst wenig absteht.

3 Lege den Stoff rechts auf rechts. Beachte die Wendeöffnung (rote Stecknadeln) in einem Mützenteil. Nähe die Stofflagen mit 1 cm Nahtzugabe zusammen.

4 Nun steckst du die restlichen Kanten an beiden Mützenteilen rechts auf rechts. Die Nahtzugaben sollten aufeinander liegen. Nähe sie mit 1 cm Nahtzugabe zusammen.

5 Wende die Mütze durch die Wendeöffnung und schließe die Öffnung.

6 Stülpe die zwei Mützenteile ineinander und bügle die Kante glatt. Nähe sie an der hinteren Naht mit ein paar Stichen zusammen.

Nahtzugabe gleichmäßig abnähen

Jersey nähen

Tipp

Wähle das Schnittmuster anhand der Größe deines Kopfumfangs aus und schneide es zu. Wähle es nicht zu groß, denn die Mütze sollte gut sitzen und nicht rutschen. Ist das doch der Fall, kannst du sie am Schluss 1-2 cm enger nähen, bevor du die Wendeöffnung schließt.

SCHLUPFSCHAL

angenehm wärmend

Material

- elastischer Jerseystoff in 2 unterschiedlichen Farben, 2x 60 cm x 45 cm
- farblich passendes Nähgarn

Zuschneiden

Miss deinen Kopfumfang und verwende diesen Wert für die Stoffbreite.

Stoffbreite (=Kopfumfang) x 45 cm

Die Zuschnitt-Maße beinhalten bereits 1 cm Nahtzugabe.

1 Lege beide Stoffteile rechts auf rechts. Stecke die langen Kanten fest und nähe sie mit 1 cm Nahtzugabe zusammen.

2 Greife mit der rechten Hand in den Schal und fasse die linke kurze Seite. Ziehe sie durch den Schal bis auf die rechte kurze Seite. Der Schal wird nicht gewendet.

3 Stecke nun die kurzen Kanten rechts auf rechts. Auf einer Seite solltest du eine Wendeöffnung (rote Stecknadeln) von ca. 8 cm einplanen. Jetzt nähst du den Schal einmal im Kreis, bis auf die Wendeöffnung, zusammen.

4 Wende den Schal.

5 Klappe die Nahtzugabe der Wendeöffnung nach innen und schließe die Öffnung.

1

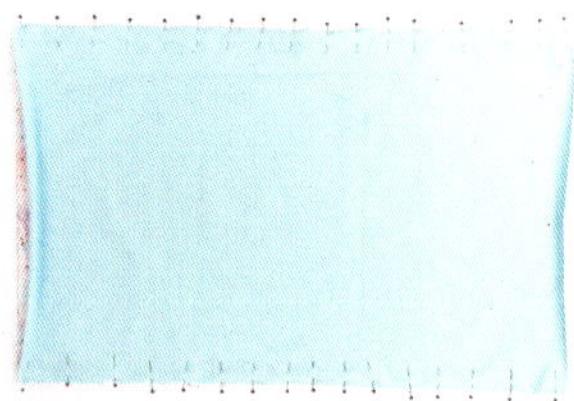

2

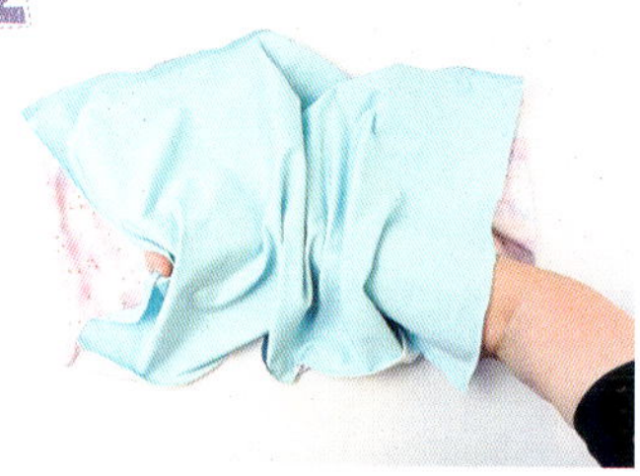

3

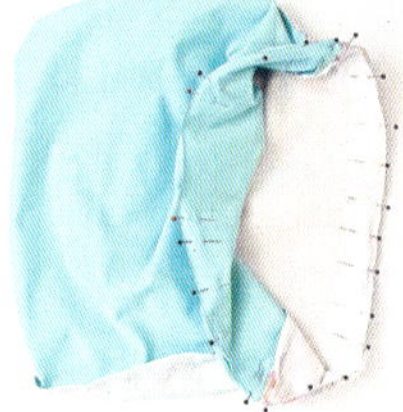

4

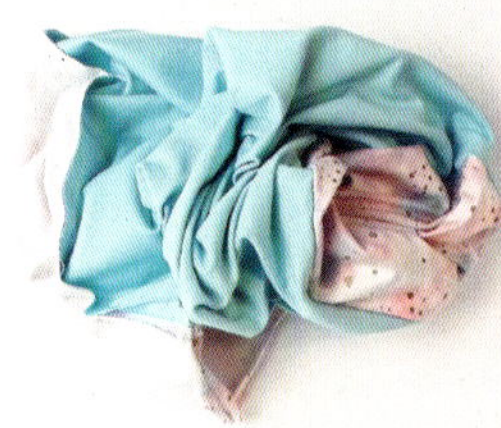

5

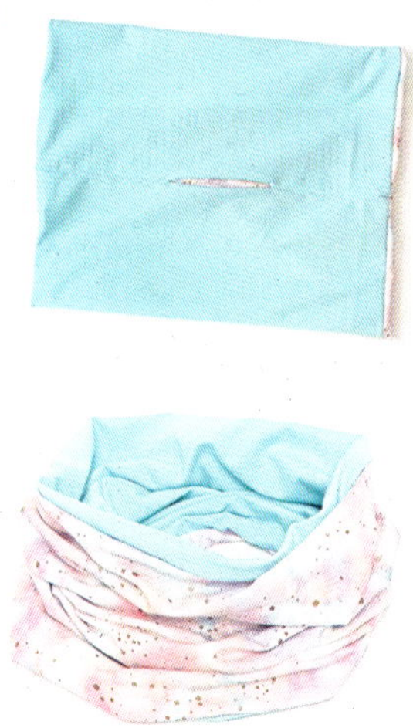

Tipp

Der Jerseystoff muss quer-elastisch (in der Breite) sein. Der Schal kann auch wenige cm enger geplant werden, damit er nicht zu weit vom Hals absteht. Achte darauf, dass du den Schal am Schluss noch über den Kopf ziehen kannst.

Wenn du den Schal zweimal um den Hals wickeln möchtest, schneide zwei Stoffteile mit den Maßen 110 cm (140 cm für Erwachsene) x 25-35 cm zu. Du kannst für den Schal auch Baumwollstoff oder Fleece verwenden.

MÄPPCHEN MIT GUMMIBAND

für Block oder Ordner

Material

- ★ fester Baumwollstoff, 40 cm x 25 cm
- ★ Reißverschluss (RV), 18 cm lang
- ★ Gummiband, mind. 1 cm breit
  DIN A4: 80 cm lang
  DIN A5: 42 cm lang
- ★ farblich passendes Nähgarn

Vorlage Seite 58

1

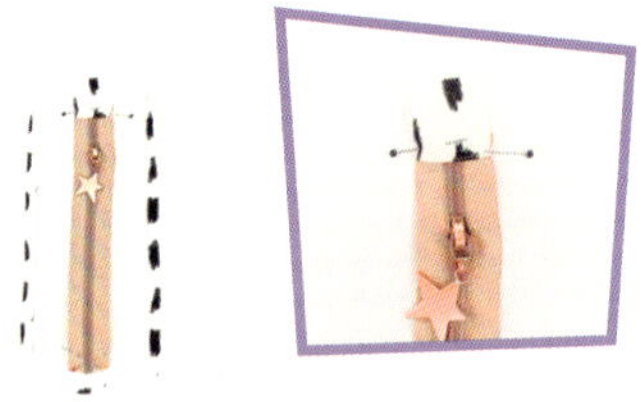

2

3

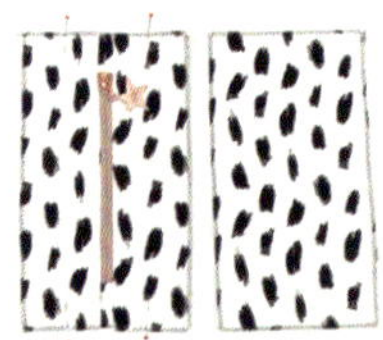

4

5

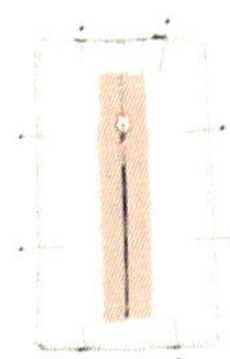

6

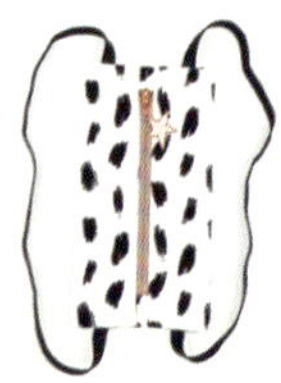

Zuschneiden

Baumwollstoff: 2x die Vorderseite
Baumwollstoff: 1x die Rückseite
Baumwollstoff: 2x den RV Steg

Ergänze 1 cm Nahtzugabe.
Am RV-Steg musst du keine Nahtzugabe anzeichnen.

Gummiband: 2x 40 cm für DIN A4 oder 2x 21 cm für DIN A5

1 Bügle an beiden Vorderseiten je eine lange Kante und eine kurze Kante am Steg um je 1 cm um. Stecke den Steg an jeweils ein RV-Ende an und nähe in knappkantig auf. Passe auf die RV-Zähnchen auf. Nähe langsam, damit die Nähnadel nicht bricht.

2 Stecke nun die Vorderseiten wie abgebildet an den RV an. Lasse zwischen Stoff und RV 1-2 mm Platz, damit das RV-Füßchen sich nicht im Stoff verhakt. Nähe den RV knappkantig an. Dazu kannst du ein RV-Füßchen verwenden und die Nadelposition etwas anpassen. Genaue Infos findest du im Benutzerhandbuch deiner Nähmaschine. Nähe vorab mit Stoffresten eine Probenaht.

3 Nähe mit einem breiten Zickzack-Stich (z.B. Stichbreite: 4,5 mm, Stichlänge: 1,5 mm) um die Stoffkanten von Vorder- und Rückseite. Dadurch sicherst du sie vor dem Ausfransen.

4 Stecke das Gummiband wie abgebildet mittig an den Markierungen fest. Achte darauf, dass sie sich nicht verdrehen. Öffne den RV.

5 Stecke jetzt die Rückseite auf. Nähe beide Teile mit 1 cm Nahtzugabe zusammen.

6 Drehe das Mäppchen durch die Öffnung im RV auf die rechte Seite. Bügle die Kanten (Vorsicht, ein Kunststoff-RV kann schmelzen).

Tipp

Wenn dein Baumwollstoff zu dünn ist, kannst du, z. B. mit Vliesofix, zwei Stoffe auf deren linker Stoffseite miteinander verbinden. Dadurch erhältst du innen und außen ein schönes Stoffbild und das Mäppchen wird stabiler.

VORLAGEN

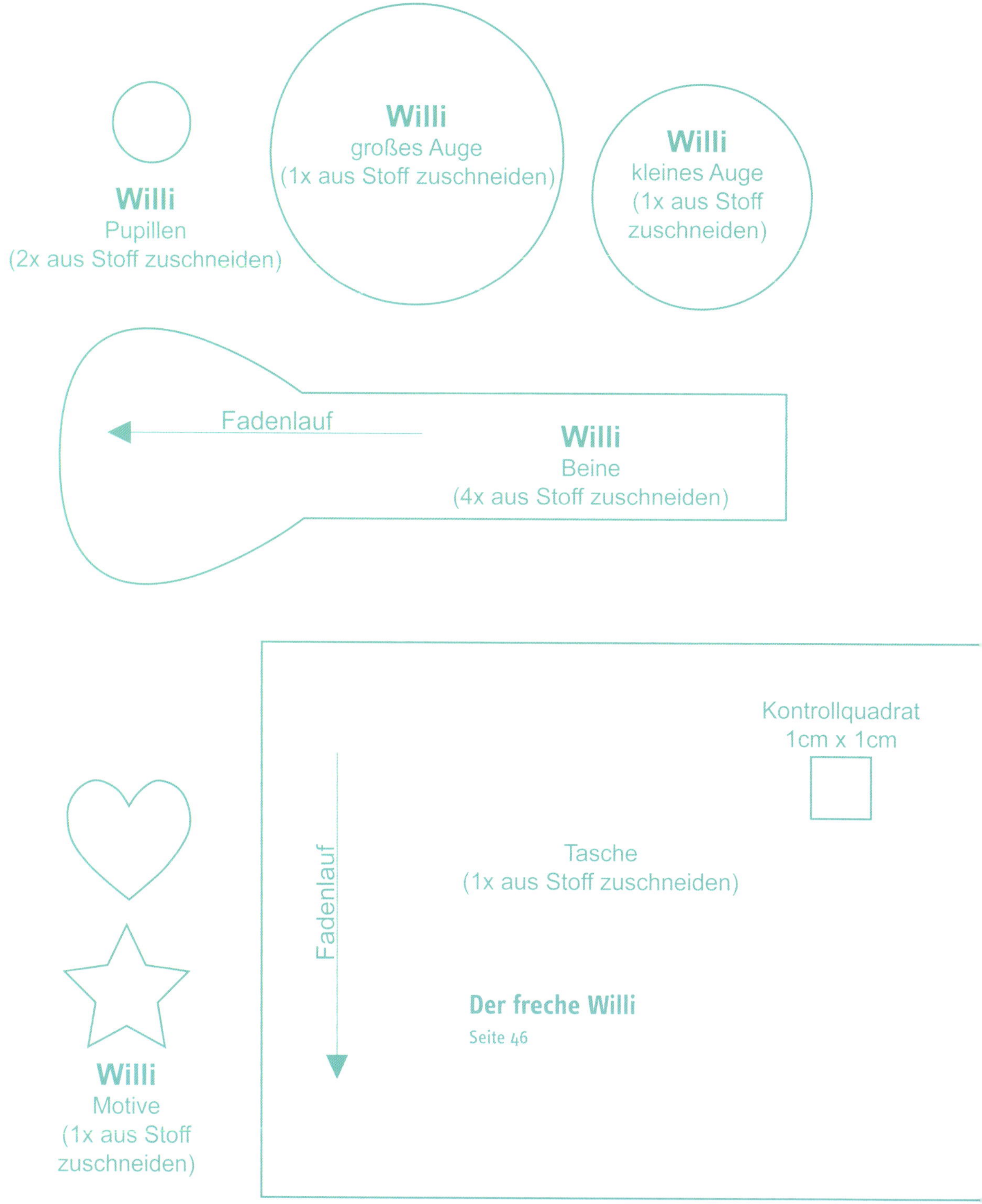
Willi
Pupillen
(2x aus Stoff zuschneiden)
Willi
großes Auge
(1x aus Stoff zuschneiden)
Willi
kleines Auge
(1x aus Stoff
zuschneiden)
Fadenlauf
Willi
Beine
(4x aus Stoff zuschneiden)
Kontrollquadrat
1cm x 1cm
Fadenlauf
Tasche
(1x aus Stoff zuschneiden)
Der freche Willi
Seite 46
Willi
Motive
(1x aus Stoff
zuschneiden)

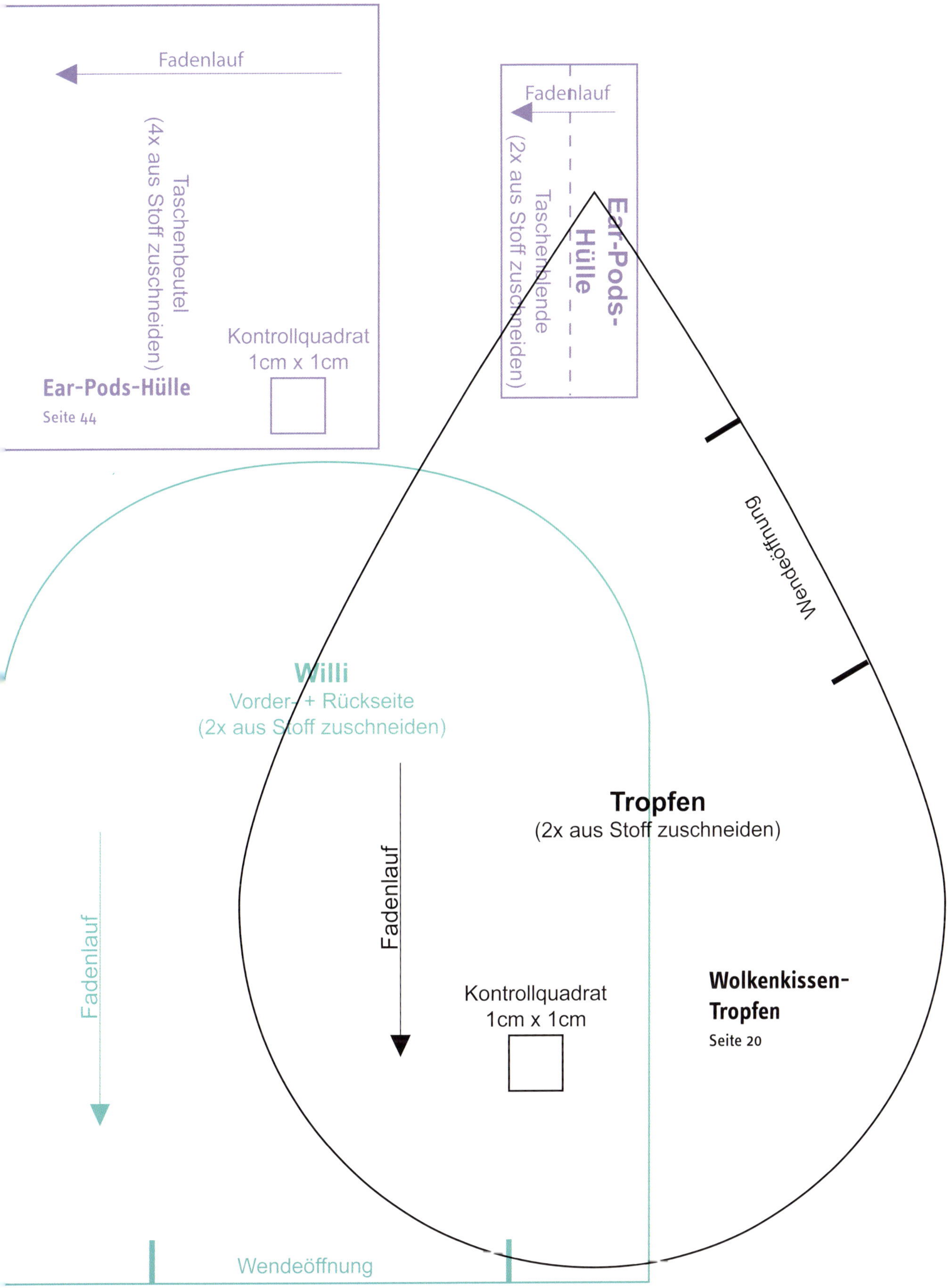
Fadenlauf
Taschenbeutel
(4x aus Stoff zuschneiden)
Kontrollquadrat
1cm x 1cm
Ear-Pods-Hülle
Seite 44
Fadenlauf
Ear-Pods-
Hülle
Taschenblende
(2x aus Stoff zuschneiden)
Wendeöffnung
Willi
Vorder- + Rückseite
(2x aus Stoff zuschneiden)
Tropfen
(2x aus Stoff zuschneiden)
Fadenlauf
Fadenlauf
Kontrollquadrat
1cm x 1cm
Wolkenkissen-
Tropfen
Seite 20
Wendeöffnung

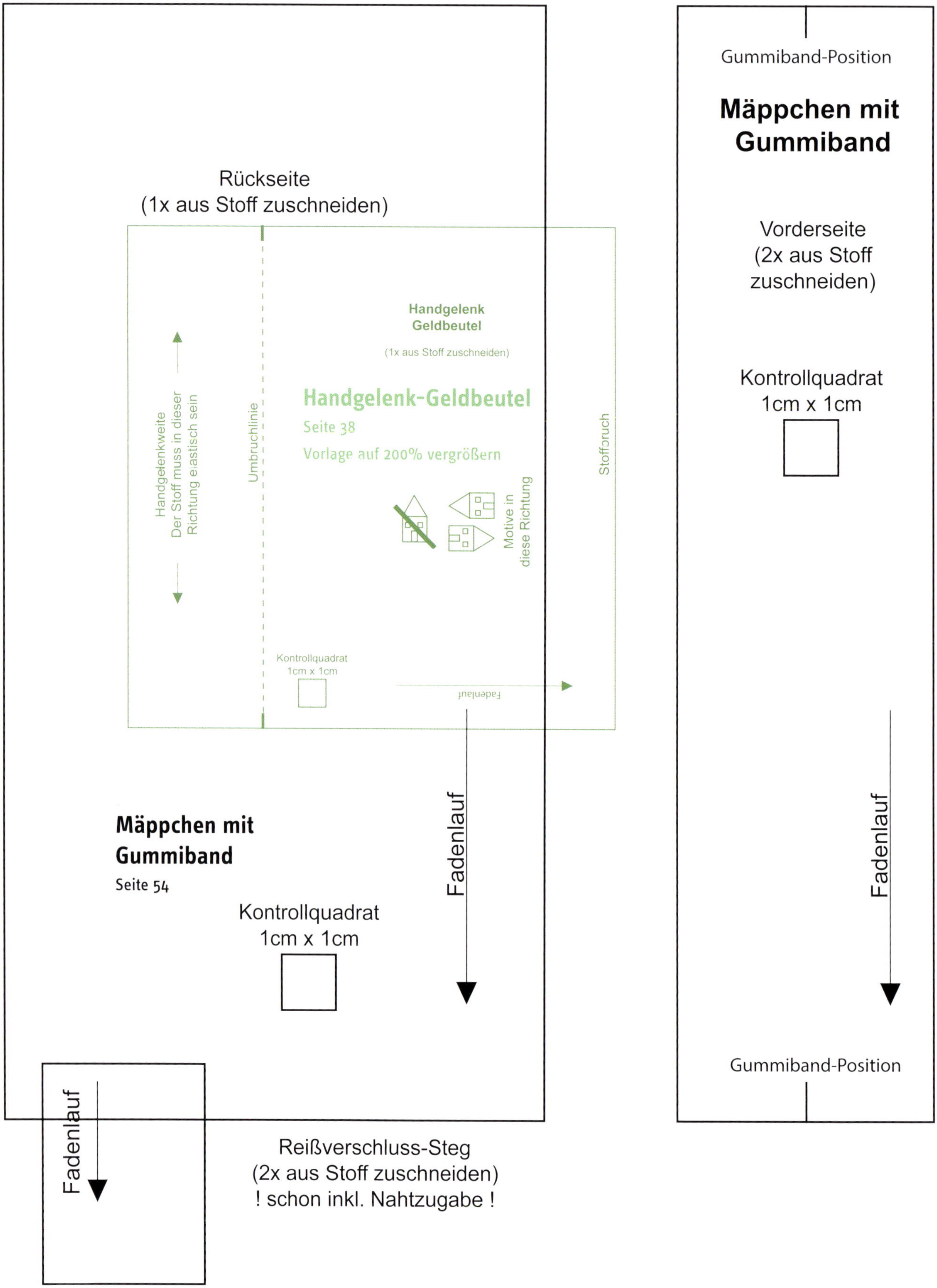
Rückseite
(1x aus Stoff zuschneiden)
Handgelenk
Geldbeutel
(1x aus Stoff zuschneiden)
Handgelenk-Geldbeutel
Seite 38
Vorlage auf 200% vergrößern
Handgelenkweite
Der Stoff muss in dieser Richtung elastisch sein
Umbruchlinie
Stoffbruch
Motive in diese Richtung
Kontrollquadrat
1cm x 1cm
Fadenlauf
Mäppchen mit Gummiband
Seite 54
Kontrollquadrat
1cm x 1cm
Fadenlauf
Fadenlauf
Reißverschluss-Steg
(2x aus Stoff zuschneiden)
! schon inkl. Nahtzugabe !
Gummiband-Position
Mäppchen mit Gummiband
Vorderseite
(2x aus Stoff zuschneiden)
Kontrollquadrat
1cm x 1cm
Fadenlauf
Gummiband-Position

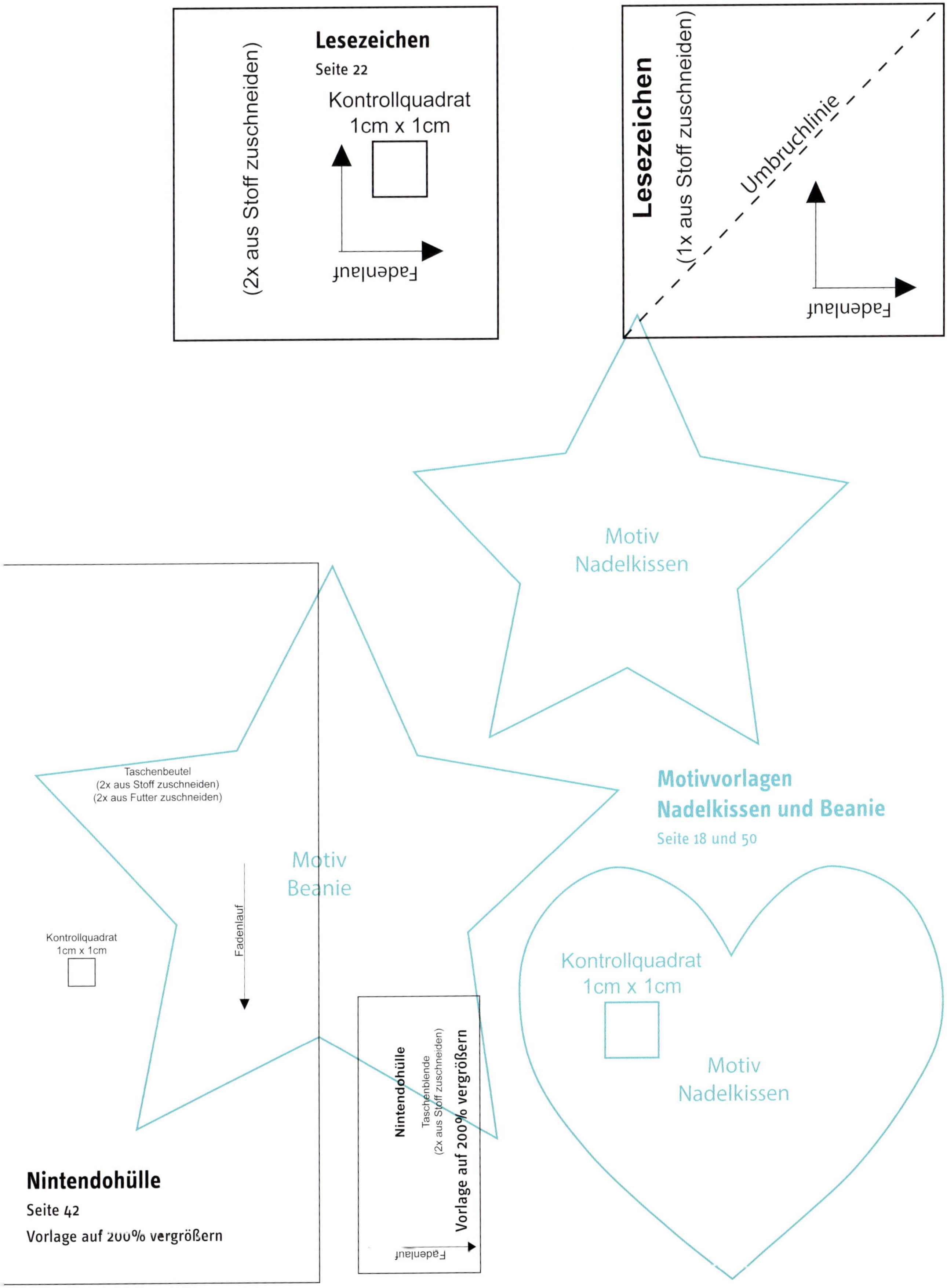
Lesezeichen
Seite 22
Kontrollquadrat
1cm x 1cm
(2x aus Stoff zuschneiden)
Fadenlauf
Lesezeichen
(1x aus Stoff zuschneiden)
Umbruchlinie
Fadenlauf
Motiv
Nadelkissen
Taschenbeutel
(2x aus Stoff zuschneiden)
(2x aus Futter zuschneiden)
Motiv
Beanie
Fadenlauf
Kontrollquadrat
1cm x 1cm
Motivvorlagen
Nadelkissen und Beanie
Seite 18 und 50
Kontrollquadrat
1cm x 1cm
Motiv
Nadelkissen
Nintendohülle
Taschenblende
(2x aus Stoff zuschneiden)
Vorlage auf 200% vergrößern
Fadenlauf
Nintendohülle
Seite 42
Vorlage auf 200% vergrößern

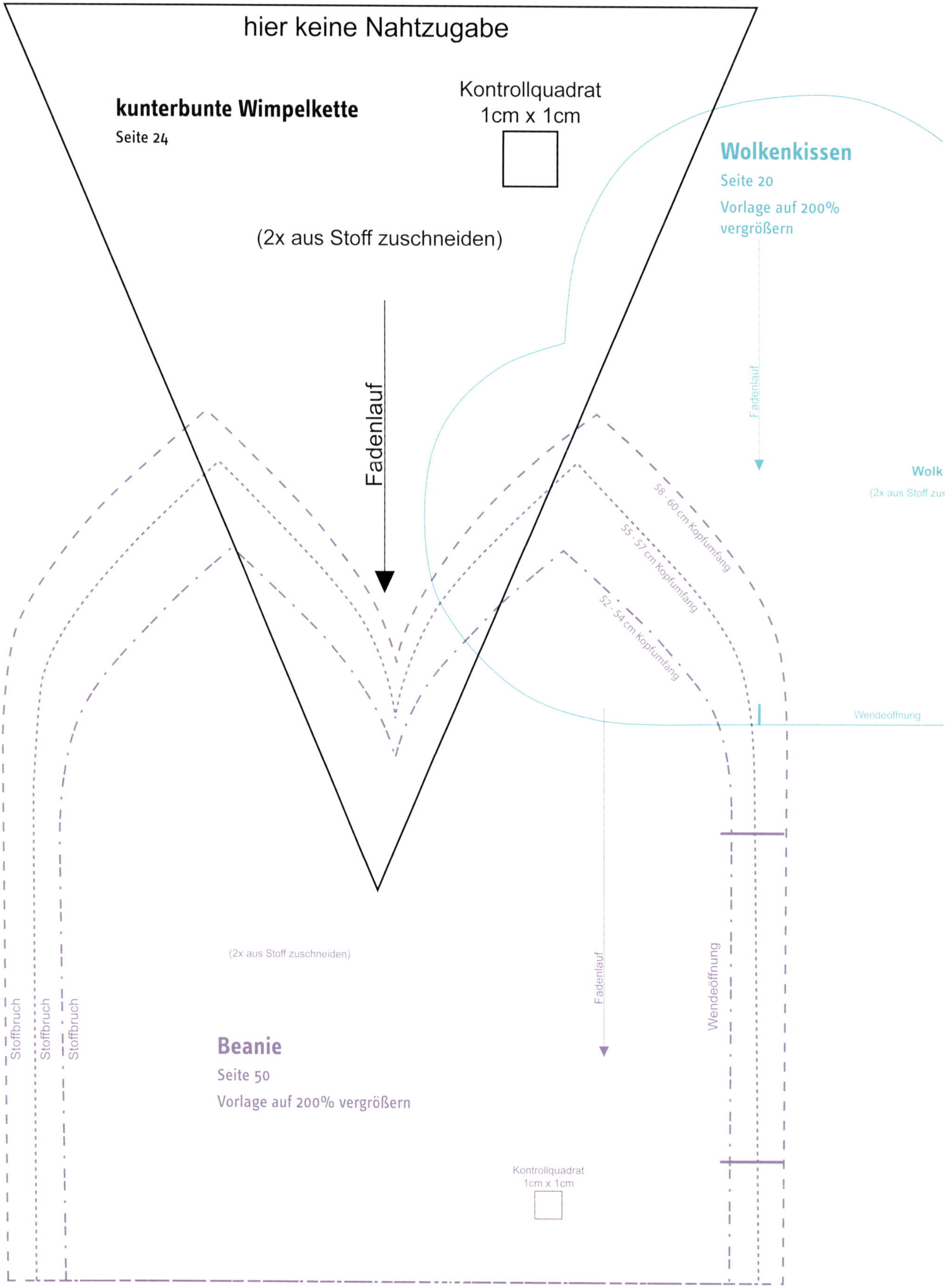
hier keine Nahtzugabe
kunterbunte Wimpelkette
Seite 24
Kontrollquadrat
1cm x 1cm
(2x aus Stoff zuschneiden)
Fadenlauf
Wolkenkissen
Seite 20
Vorlage auf 200% vergrößern
Fadenlauf
Wolk
(2x aus Stoff zus
Wendeöffnung
58 - 60 cm Kopfumfang
55 - 57 cm Kopfumfang
52 - 54 cm Kopfumfang
(2x aus Stoff zuschneiden)
Fadenlauf
Wendeöffnung
Stoffbruch
Stoffbruch
Stoffbruch
Beanie
Seite 50
Vorlage auf 200% vergrößern
Kontrollquadrat
1cm x 1cm

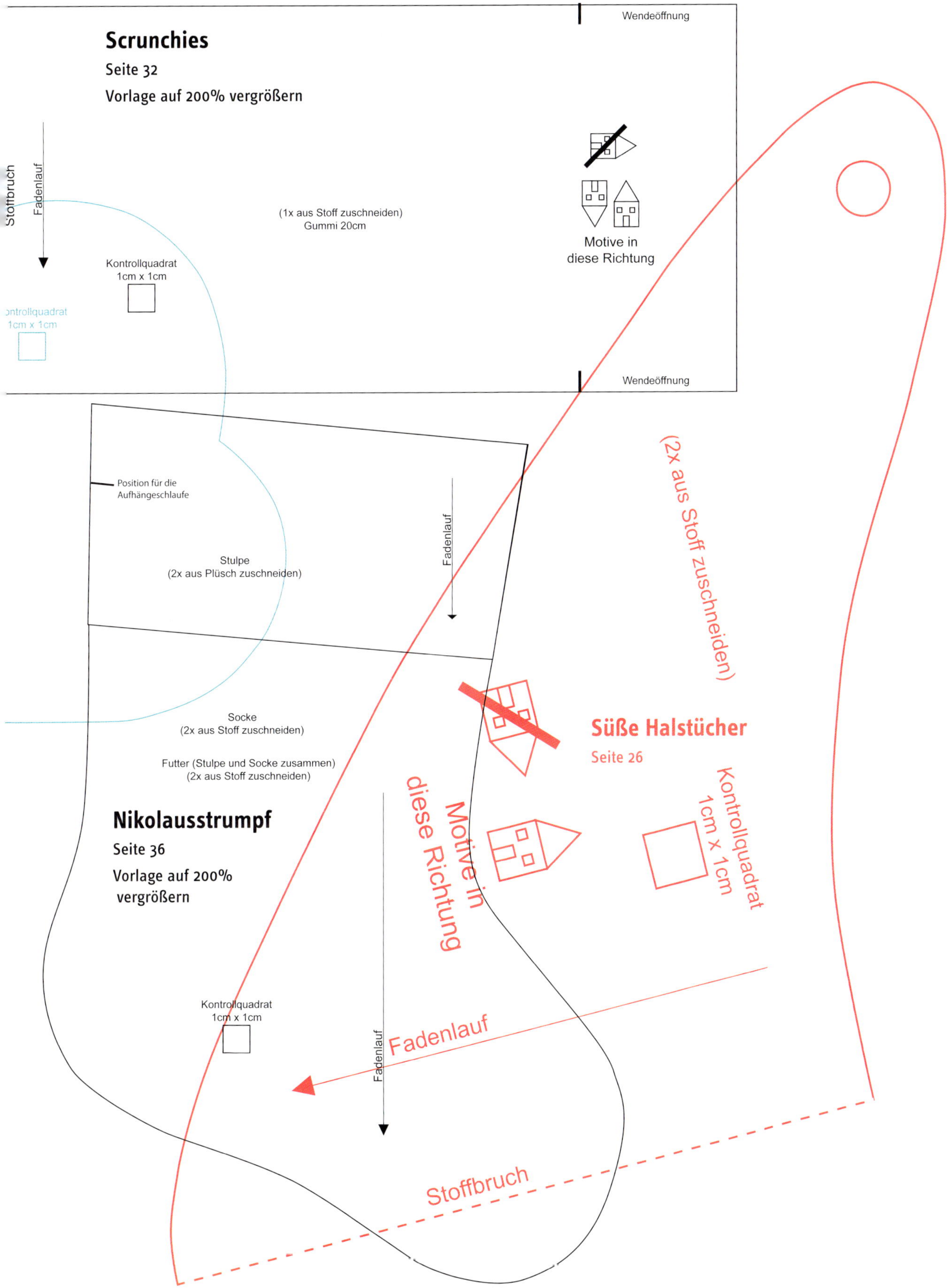
Scrunchies
Seite 32
Vorlage auf 200% vergrößern
Wendeöffnung
Stoffbruch
Fadenlauf
(1x aus Stoff zuschneiden)
Gummi 20cm
Kontrollquadrat
1cm x 1cm
Motive in
diese Richtung
Wendeöffnung
Position für die
Aufhängeschlaufe
Stulpe
(2x aus Plüsch zuschneiden)
Fadenlauf
Socke
(2x aus Stoff zuschneiden)
Futter (Stulpe und Socke zusammen)
(2x aus Stoff zuschneiden)
Nikolausstrumpf
Seite 36
Vorlage auf 200%
vergrößern
Kontrollquadrat
1cm x 1cm
Fadenlauf
(2x aus Stoff zuschneiden)
Süße Halstücher
Seite 26
Motive in
diese Richtung
Kontrollquadrat
1cm x 1cm
Fadenlauf
Stoffbruch

Buchempfehlungen für Dich

Noch mehr Kreativ-Bücher zum gleichen Thema gesucht?

ISBN 978-3-7724-29050-4

ISBN 978 3-7724-29030-6

ISBN 978-3-7724-4450-0

ISBN 978-3-7724-29031-3

ISBN 978-3-7724-29101-3

ISBN 978-3-7724-29088-7

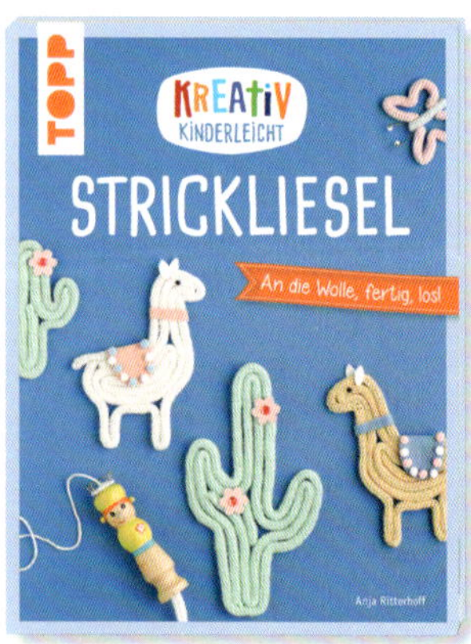

ISBN 978-3-7724-4358-9

ISBN 978-3-7724-4471-5

ISBN 978-3-7724-18165-9

Viele weitere Kreativ-Bücher findest du auf www.TOPP-kreativ.de

#TOPPPROJEKT

Die eigene Kreativität zeigen: TOPPprojekt mit anderen Kreativen teilen und Teil der Gemeinschaft werden.

DIY-begeistert und auf Instagram? Dann unbedingt mitmachen! Hier gibt's Tipps und Feedback zu den eigenen Projekten. Außerdem verlosen wir jeden Monat ein Überraschungspaket. Um am Gewinnspiel teilzunehmen, einfach ein Bild vom Kreativ-Projekt aus unseren Büchern mit #TOPPprojekt posten und unserem Account @frechverlag folgen. Mehr Infos auf TOPP-kreativ.de/TOPPprojekt

Website
Auf TOPP-kreativ.de kannst du ein riesiges Angebot von über 1.000 Kreativbüchern, Sets & mehr entdecken.

Newsletter
Gleich anmelden unter: TOPP-kreativ.de/newsletter und immer als Erstes von unseren Neuheiten und Sonderaktionen erfahren.

Instagram
@frechverlag

Pinterest
pinterest.com/frechverlag

Facebook
facebook.com/frechverlag

DigiBib
Hier findest du zusätzlich zu vielen unserer Bücher digitale Extras, wie Video-Tutorials, Plotter-Dateien, Vorlagen, Übungsblätter & vieles mehr. Einfach im Impressum deines TOPP-Buchs den Freischalte-Code nachschlagen und exklusive Inhalte freischalten. TOPP-kreativ.de/digibib

Youtube
youtube.com/frechverlag

Carmen Schmitt

Mit 15 Jahren entstand ihre Leidenschaft fürs Nähen und vieles brachte sie sich selbst bei. Fast 10 Jahre lang entwarf und nähte sie die Showtanzkostüme für ihre beiden Tanzgruppen. Dem Abitur folgte die Schneiderlehre in der Industrie und dem Handwerk und die Ausbildung zur Designerin. Danach arbeitete die heute zweifache Mutter als Designerin bei einem internationalen Wäschehersteller. Nach der Geburt des 1. Sohns machte sich Frau Schmitt 2010 mit ihrem eigenen Kinder-Label WUNSCHKIND selbständig. Seit 2014 bietet sie Näh- und Kreativkurse für Kinder und Erwachsene in der SMITHY Designwerkstatt in Mörstadt an. Ebenso führt sie einen eigenen Onlineshop (smithy-design.de) für DIY-Kits zu den Themen Nähen und Makramee.

Danke

Danke an die Firmen Buttinette, Snaply - Nähkram, Swafing und Hilco für die freundliche Unterstützung mit Materialien.

Private Danksagung

Ich danke meinem lieben Mann Thorsten, der mir immer versucht hat den Rücken freizuhalten und den Alltag, wo es ginge, abgefangen hat.

Ich danke meinen beiden tollen Jungs Paul und Henry, die mit viel Geduld und Verständnis auf ihre Mama warten mussten, bis sie endlich wieder Zeit für sie hatte und mir mit einem bestätigenden "Oh Mama, das ist aber schön geworden..." immer wieder neue Motivation gegeben haben.

Ganz besonders danke ich meiner Mama Elke, die immer für mich da ist und sich um so vieles gekümmert hat, was im Alltag angefallen ist. Ebenso hat sie sich, immer wo mir die Zeit fehlte, mit viel Liebe und Aufmerksamkeit um die beiden Jungs gekümmert.

Danke auch an meine Lehrer und Klassenkameraden aus der Oberstufe. Ich verdanke euch meinen heutigen Kampfgeist und Biss, den ihr, mit eurem damaligen Verhalten und fehlenden Glauben an mich, geweckt und stark gemacht habt.

Ich danke meiner Schneidermeisterin Birgit für ihr Fachwissen und die schöne Ausbildungszeit.

Danke an meine lieben Kursteilnehmer/innen. Ihr inspiriert mich immer wieder.

Danke an meinen Papa Otto, der jetzt irgendwo auf einer Wolke sitzt und schaut, was seine Tochter so treibt. Der immer geduldig akzeptiert hat, was ich entschieden habe und mich bedingungslos unterstütz hat. Danke Papa für deine fast grenzenlose Geduld und Liebe und dein Glaube an mich!

Dein Download

Die Schnittmuster, die Nähbögen und ein Nähmaschinen-Video kannst du dir nach erfolgter Registrierung unter www.topp-kreativ.de/digibib downloaden.

Lass dir dabei von einem Erwachsenen helfen.

Der Freischalte-Code lautet: 59438

Kreativ-Hotline

Hilfestellung zu allen Fragen, die Materialien und Bücher zu kreativen Hobbys betreffen: Wir beraten Sie. Rufen Sie an oder schreiben Sie eine E-Mail!

Telefon: 0711 / 123 757 20*

E-Mail: mail@kreativ-service.info

*normale Telefongebühren

Impressum

FOTOS: frechverlag GmbH, 70839 Gerlingen: Michael Ruder, Stuttgart (Modellfotos); seraphotographie, Worms (Autorenfoto)

SCHRITTFOTOS: Carmen Schmitt

PRODUKTMANAGEMENT: Mirjam Buchwald

LEKTORAT: Nicole Schmeißer

COVERGESTALTUNG: Eva Hook

HERSTELLUNG und LAYOUT: Katrin Röhlig

SATZ: FSM Premedia GmbH & Co. KGr

DRUCK UND BINDUNG: POLYGRAF PRINT spol. s r.o.

1. Auflage 2023

ISBN 978-3-7358-9102-0 • Best.-Nr. 29102

FSC www.fsc.org MIX Aus verantwortungsvollen Quellen FSC® C023577

Penguin Random House Verlagsgruppe FSC® N001967

Geraden nähen

Übungsblatt 1

Die Vögel sitzen auf grauen Stangen. Kannst du sie mit deiner Nähmaschine bunt einfärben?
Versuche die Linien genau mit deiner Naht zu treffen.
Wahrscheinlich hat dein Nähfüßchen in der Mitte eine Markierung, versuche sie genau auf den Linien zu halten.

Übungsblatt 2

Den Zügen fehlen Gleise. Kannst du sie mit deiner Nähmaschine aufnähen?

Setze die Seite deines Nähfüßchens an die vorgezeichnete Linie. Nähe gerade daran entlang – so entsteht eine parallele Linie. Jetzt kannst du noch kurze, quer verlaufende Linien ergänzen.

Rückwärts nähen

Übungsblatt 3

Die Straße hat viele Löcher. Kannst du sie mit deiner Nähmaschine flicken?

Nähe die Straße entlang. Damit die Löcher gut geschlossen werden, nähst du auf den unterbrochenen Stücken ein paarmal hin und her. Drücke und löse dafür deine Rückwärtstaste.

Ecken nähen

Übungsblatt 4

Das Eichhörnchen sucht seine Nüsse. Kannst du ihm mit deiner Nähmaschine den Weg zeigen?

Lass an den Ecken die Nadel im Papier stecken, hebe das Nähfüßchen und drehe das Papier. Wenn du das Füßchen jetzt wieder senkst, kannst du direkt weiternähen.

Übungsblatt 5

Der Roboter besteht aus vielen Rohren. Kannst du sie mit deiner Nähmaschine bunt einfärben?

Lass an den Ecken die Nadel im Papier stecken, hebe das Nähfüßchen und drehe das Papier. Wenn du das Füßchen jetzt wieder senkst, kannst du direkt weiternähen.

Ecken nähen

Übungsblatt 6

Was versteckt sich hinter den Zahlen? Verbinde sie mit deiner Nähmaschine und finde es heraus!

Lass an den einzelnen Zahlen die Nadel im Papier stecken, hebe das Nähfüßchen und drehe das Papier. Wenn du das Füßchen jetzt wieder senkst, kannst du direkt weiternähen.

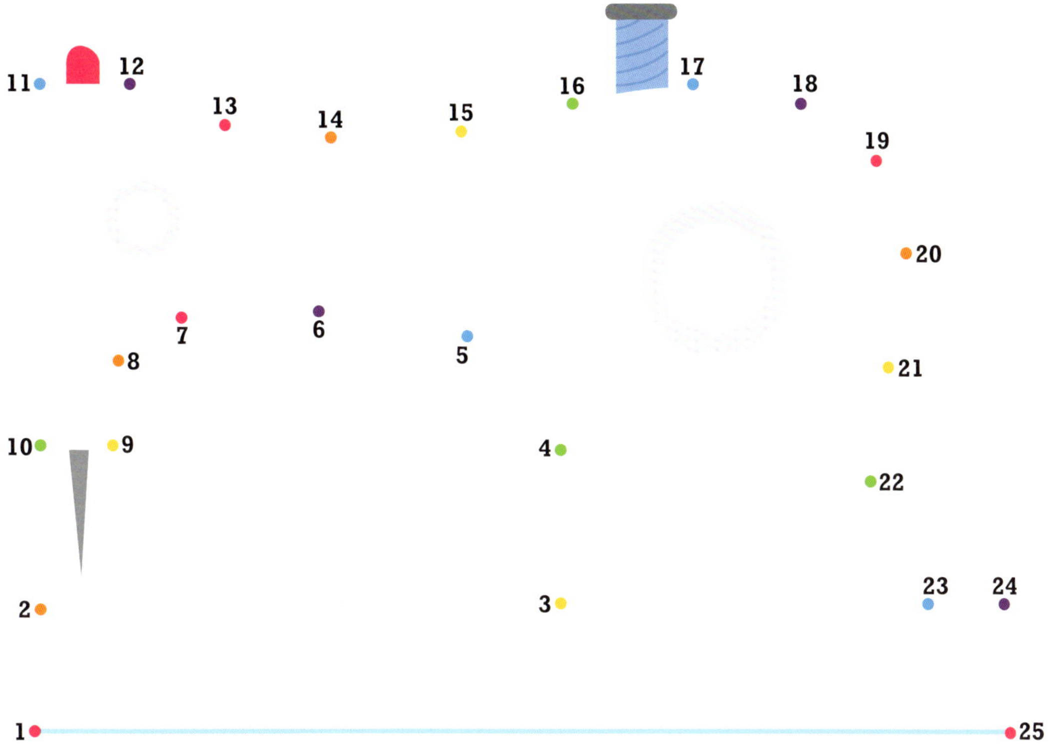

Rückwärts nähen

Übungsblatt 7

Der Krebs läuft am liebsten rückwärts. Kannst du ihn mit deiner Nähmaschine durch das Labyrinth führen?

Drücke deine Rückwärtstaste und beginne beim Krebs. Nähe so lange rückwärts, bis du den Weg aus dem Labyrinth gefunden hast.

Übungsblatt 8

Hier herrscht starker Wellengang. Kannst du den Wellen mit deiner Nähmaschine folgen?

Beginne mit den großen Wellen und arbeite dich zu den kleineren Wellen vor. Nähe langsam und führe das Papier dabei so, dass du den Bögen gut folgen kannst.

Bögen nähen

Übungsblatt 9

Die Katze hat die Wolle überall verteilt. Kannst du dem Faden mit deiner Nähmaschine folgen?

Nähe ganz langsam und ordentlich und achte darauf, das Papier dabei immer in die richtige Richtung zu drehen, sodass du den Bögen folgen kannst.

Übungsblatt 10

Die Prinzessin möchte auf den Ball. Kannst du mit der Nähmaschine ihr Kleid verzieren?

Stelle einen Zick-Zack-Stich ein. Jetzt kannst du das Kleid mit verschiedenen Farben verzieren. Probiere größere und kleinere Zick-Zack-Stiche aus. Vielleicht hat deine Nähmaschine auch noch Zierstiche, die du benutzen kannst.

Zickzack nähen

Übungsblatt 11

Der Pinguin, das Rentier und der Eisbär lieben es kalt. Kannst du es mit deiner Nähmaschine schneien lassen?

Stelle einen Zick-Zack-Stich ein und benutze weißes Garn. Folge den geraden Linien der Berge und schneie sie auf diese Weise weiß ein.

Nahtzugabe gleichmäßig abnähen

Übungsblatt 12

Papierstreifen in Grün, Blau, Orange und Pink. Kannst du mit deiner Nähmaschine einmal am Rand entlang nähen?

Schneide dir die Papierstreifen zurecht. Bringe einen Klebestreifen mit 1 cm Abstand zur Nähnadel als Markierung an und nähe mit 1 cm Nahtzugabe am Rand des Papierstreifens entlang. Wenn du an der Ecke bist, musst du schauen wie viele Stiche du nähen musst, damit du danach wieder mit 1 cm Nahtzugabe weiter nähen kannst.

Übungsblatt 13

Hier wimmelt es von Sternen und Herzen. Kannst du sie mit deiner Nähmaschine umranden?

Nähe knappkantig am Motivrand entlang (gestrichelte Linie) und über den Startpunkt nochmals 4-5 Stiche weiter.

Übungsblatt 14

Der Vogel, die Giraffe und der Bär lieben es zu schaukeln. Kannst du ihnen mit deiner Nähmaschine helfen?

Nähe 3 Stiche vor (auf das Gaspedal tippen) und 3 Stiche zurück (auf den Rückwärtsknopf drücken). Nähe bis zum Ende der Naht (Gaspedal gedrückt halten).

Nähe am Ende nochmal 3 Stiche zurück (auf den Rückwärtsknopf drücken) und 3 Stiche vor (auf das Gaspedal tippen).

Wendeöffnung schließen

Übungsblatt 15

Hier ist ganz schön was los. Bringe die frechen Monster mit deiner Nähmaschine zum Schweigen.

Schließe die Münder knappkantig und vernähe Anfang und Ende.